たのしい行事シアター
はる なつ あき ふゆ

チャイルド本社

たのしい行事シアター はる なつ あき ふゆ

もくじ

春

春のおはなし
折り紙シアター
お花畑に春が来たよ！ ……… 6

こどもの日
リサイクル素材シアター
がんばれ滝登り ……… 10
● 型紙 ……… 81

夏

歯と口の健康週間
カードシアター
かばくんとむしばキン ……… 14
● 作り方と型紙 ……… 82

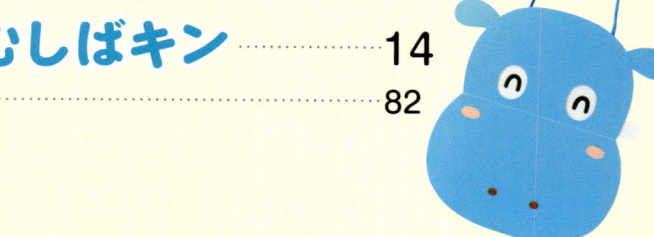

七夕
パネルシアター
織姫と彦星 ……… 18
● 型紙 ……… 84

夏のおはなし
紙皿・紙コップシアター
スイスイ さかなくん ……… 24
● 型紙 ……… 88

秋

夕涼み会

うちわシアター
おもしろ花火がドドーン、パッ！ …… 28
- 型紙 …… 89

防災の日

タオルシアター
慌てずに避難しよう …… 32
- 型紙 …… 88

敬老の日

ペープサート
おじいちゃん おばあちゃん ありがとう …… 38
- 型紙 …… 90

いも掘り

封筒シアター
おいもを掘ろう！ …… 44
- 型紙 …… 92

ハロウィーン

リサイクル素材シアター
ハロウィーンでドッキリ！ …… 48
- 型紙 …… 93

> 本書を使用して製作したもの、および、型紙を含むページをコピーしたものを販売することは、著作権者および出版社の権利の侵害となりますので、固くお断りいたします。

秋

勤労感謝の日

ペープサート
働く人がたくさん ……… 52
- 型紙 ……… 95

冬

クリスマス

ブラックパネルシアター
サンタクロースの落とし物 ……… 58
- 型紙 ……… 96

冬の健康

カードシアター
パタパタかぜキン ……… 64
- 型紙 ……… 102

節分

パネルシアター
たぬきくんとおに ……… 68
- 型紙 ……… 104

春

ひな祭り

ペープサート
ゆきちゃんの うれしいひな祭り ……… 74
- 型紙 ……… 108

シアターを演じるコツ ……… 5

シアターを演じるコツ

事前の準備をしっかりと

シアターに使う人形（物）を1つひとつ確認して、所定の位置にセットしておきましょう。事前の準備が自信につながり、落ち着いてゆったりとした気持ちで演じることができます。

人形（物）はよく見えるように

シアターに使う人形（物）は、大きい動作でゆっくりと動かしましょう。よく見えるように、端を持つようにするのも大事なポイントです。使う人形（物）の正面を、いつも子どもたちに向けるようにするのも忘れずに！

子どもと一緒に楽しみましょう

演じ手もシアターの一部。楽しそうに演じる保育者の表情が、子どもたちにも伝わります。豊かな表情とオーバー気味なアクションを心がけ、存分に演じることを楽しみましょう。

子どもたちとの掛け合いを楽しむのもシアターの醍醐味です。子どもたちと一緒に歌をうたったり、合いの手や掛け声をかけてもらったりすると、より楽しめます。子どもたちの反応を見ながら進めていくように心がけましょう。うまく演じようとするより、子どもたちと一緒に楽しむ気持ちが大切です。

折り紙シアター 3~4歳児

お花畑に春が来たよ!

折り紙で作る、簡単なしかけのあるお花を使って演じます。
おまじないをかけると、きれいなお花がつぎつぎに咲いて…。
子どもたちと春の雰囲気を楽しみましょう。

案・指導・製作●島田明美

このシアターで使う物

- お花
- 草むら
- ちょうちょう

1

- 机の上に草むらを置き、お花（閉じた状態）を1本差し出します。

保育者 もう4月！ 寒〜い冬が終わって、ポカポカ暖かい春がやって来ますよ。早くお花が咲くように、おまじないをかけましょう。

おまじないをかけましょう

2

♪春よ来い来い…

白いお花が咲きました

- 節をつけて、おまじないの言葉をかけます。

  保育者 春よ来い来い、早く来い。えいっ！

- 持ち手を開いて、お花を咲かせます。
  （折り紙の白い面が前へ出るようにします。）

  保育者 まあ！ つぼみが開いて、きれいな白いお花が咲きました。

- お花を草むらに立てます。

3

すごーい！
お花がいっぱい

保育者 春よ来い来い、早く来い。えいっ！

- つぎつぎに白いお花を咲かせて、草むらに立てていきます。

  保育者 すごーい！ お花がいっぱい。

お花は、段ボールの目に差し込んで立てます。

春

4
- ちょうちょう（閉じた状態）を持ちます。

保育者 あら、もう1つつぼみが ありました。
今度はどんなお花が咲くのかな？

> もう1つつぼみがありました

5
- おまじないの言葉をかけながら、持ち手を開きます。

保育者 春よ来い来い、早く来い。
えいっ！

- びっくりした表情で、ちょうちょうを飛ぶように動かします。

保育者 わあ！ お花だと思っていたら、
ちょうちょうさんでした！
たくさんお花が咲いたから、うれしくて
出てきたのね。

> ちょうちょうさんでした！

折り紙シアター **お花畑に春が来たよ！**

6

保育者 ちょうちょうさんといっしょに、春を呼ぶおまじないをかけましょう。

● 「春がきた」の歌をうたいながら、ちょうちょうをひらひらと動かします。

保育者 ♪はるがきた　はるがきた
　　　どこにきた…

● ちょうちょうが止まったお花を順番にクルッと回して、折り紙の色付きの面に変えていきます。

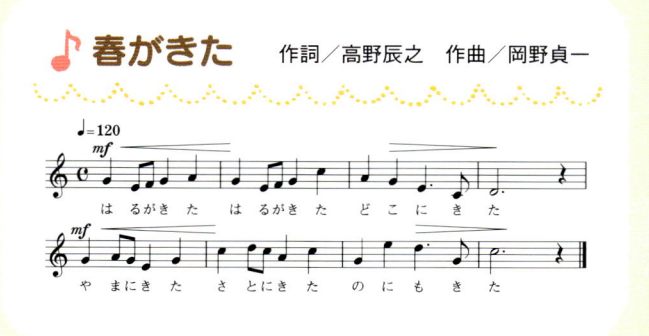

♪はるがきた　♪はるがきた

7

● お花をすべて色付きの面にして、ちょうちょうを舞わせます。

保育者 まあ、きれい！　色とりどりのお花畑になりました。
みんなも、ポカポカの野原でたくさん遊びましょうね。

おしまい

作り方

●材料　折り紙、竹ひご、モール、段ボール、色画用紙

＜お花＞
1. 折り紙をじゃばら折り
2. 2つ折り
3. 切る
4. 2辺をセロハンテープで留める
5. （開く）
6. 同じ物を2つ作り、2辺をセロハンテープで留める
7. 竹ひごを貼る

＜ちょうちょう＞
1. 丸い折り紙をじゃばら折り
2. 2つ折り
3. お花の4以降と同様に作り、最後にモールの触角を貼る

＜草むら＞
1. 折り紙をじゃばら折り
2. 半分に切る
3. 開く／貼る　段ボールに色画用紙を貼る　セロハンテープで留める

♪ **春がきた**　作詞／高野辰之　作曲／岡野貞一

♩=120　mf

はるがきた　はるがきた　どこにきた

mf

やまにきた　さとにきた　のにもきた

春

リサイクル素材シアター　4〜5歳児

がんばれ滝登り

元気に育ってほしい、というこどもの日の願いを伝えるシアターです。
子どもたちにこいを応援してもらって、盛り上がりましょう。

案・指導●山本和子　製作●あさいかなえ

このシアターで使う物

- こい
- なまず 
- かにじい
- 岩
- 草 
- 滝

1

●岩と草をテーブルの上に出し、その陰にかにじいとなまずを置きます。滝はテーブルの下に隠しておきます。保育者はこいを持って泳ぐように動かします。

保育者　この魚を知っているかな？ こいという魚のまだ小さい子どもなの。

こい　スーイスイ。川を泳ぐのは気持ちがいいな。川のずっと上の方にはなにがあるんだろう？

スーイスイ　スーイスイ

2

●草の陰からかにじいを出します。

かにじい うっほん！ 教えてあげよう。滝という物があるんじゃよ。その滝を登れば元気に育つことができるんじゃ。

うっほん

こい 本当？ よし、滝を登りに行こうっと！
かにじい 待ちなさい。滝を登るのは、すごーくたいへんじゃぞ。
こい でも、やってみる！

●こいを元気に泳ぐように動かしながら、かにじいを草の陰に戻します。

待ちなさい

3

こい ふう、川を上の方に泳いで行くのって、力がいるなあ。

●岩の陰からなまずを出します。

なまず どこへ行くんだい？
こい なまずさん、こんにちは。ぼく、滝を登りに行くんだ。
なまず 滝を登るなんて無理無理。ここは通せんぼ。
こい えー、いじわる〜。
でも、平気、平気。ピョーン！

●通せんぼするなまずをこいが飛び越えます。

春

4

● 滝をテーブルの上に出します。

保育者 ドドドドドー！ ゴゴゴゴゴー！

こい うわぁ！ これが滝か。登れるか心配になってきた…。

保育者 じゃあ、みんなでこいさんに「がんばれ！」って言ってあげよう。

● 子どもたちに声援するように促します。

こい よし、登ってみよう！

● こいが水の勢いに負けて落ちたり、また登ったりを繰り返します。

うわ〜

5

保育者 みんなで声を合わせて、もっともっと応援してあげよう。
1、2の3、がんばれー！ がんばれー！

● 子どもたちの声援がそろい、大きくなります。

こい 負けないぞ。よいしょ、よいしょ！

がんばれー

リサイクル素材シアター **がんばれ滝登り**

6

こい やったー！ 登れた！
みんな応援してくれてありがとう！

● こいを喜びで跳びはねるようにし、かにじいと
なまずを再び登場させます。

かにじい・なまず みごと、みごと！

こい これで元気に大きくなれるよね！

みごと！

7

保育者 みんなも、これからいろいろなことに
チャレンジして元気に過ごそうね。

おしまい

※「こどもの日には、滝を力強く登っていくこいのように、元気にすくすく育ってほしいという願いを込めて、こいのぼりを飾ります」というお話をしてもよいですね。

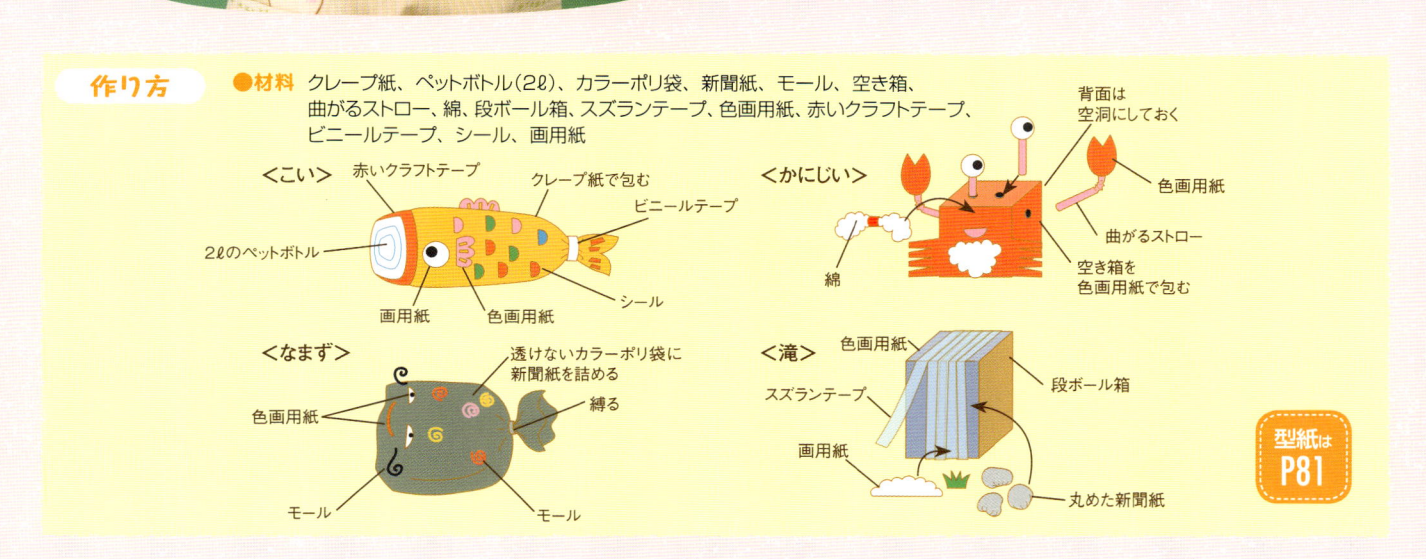

作り方

●**材料** クレープ紙、ペットボトル（2ℓ）、カラーポリ袋、新聞紙、モール、空き箱、曲がるストロー、綿、段ボール箱、スズランテープ、色画用紙、赤いクラフトテープ、ビニールテープ、シール、画用紙

＜こい＞
- 赤いクラフトテープ
- クレープ紙で包む
- ビニールテープ
- 2ℓのペットボトル
- 画用紙
- 色画用紙
- シール

＜かにじい＞
- 背面は空洞にしておく
- 色画用紙
- 曲がるストロー
- 空き箱を色画用紙で包む
- 綿

＜なまず＞
- 色画用紙
- 透けないカラーポリ袋に新聞紙を詰める
- 縛る
- モール

＜滝＞
- 色画用紙
- 段ボール箱
- スズランテープ
- 画用紙
- 丸めた新聞紙

型紙は **P81**

夏

カードシアター 2~5歳児

かばくんとむしばキン

食べたあとにすぐ眠ってしまったかばくん。口の中では、たいへんなことが…。
歯磨きの指導にピッタリのシアターです。磨く動きは大きく演じましょう。

案・指導●浅野ななみ　絵人形イラスト・製作●まーぶる

このシアターで使う物

作り方と型紙はP82~83

- かば
- むしばキン
- ピカリン
- おやつ

1

●保育者は、かばを首から提げて、片手にりんごを持ちます。

保育者　かばくんは食べるのが
　　　　　だ～い好き。
　　　　　そろそろおやつの時間です。

かば　あっ、おいしそうなりんご。
　　　　いただきまーす。
　　　　ぱっくん、むしゃむしゃ。
　　　　おいしーい！
　　　　ドーナツもぱっくーん。
　　　　おにぎりもぱっくーん。

●つぎつぎに食べ物を口の中に入れ、人形の裏面のポケットに隠します。

2

かば おなかいっぱいになったら、
眠たくなっちゃった。
ふわーん。
むにゃむにゃ…、
ぐーぐー。

ふわ〜ん

●目のしかけを引いて、閉じた目に変えます。
かばに耳を近づけるしぐさをして…。

保育者 あれ？
かばくんの口の中から声が
聞こえます。
中をのぞいてみましょう。

ZZZ…

3

●右手にカラー手袋をはめ、左手でかばの口を開きます（貼っておいた
両面テープで固定）。右手の人さし指を立てて穴から少し見せます。

むしばキン 見つけたぞ、歯磨きしないで寝ちゃった子。
おーい、みんな集まれー！
食べかすがいっぱいあるぞ。

見つけたぞ〜

トントンガリガリ
むしばをつくろう

●「むしばキンの歌」をうたいながら、右手を出して動かします。

♪おくちのなかで　みつけたよ
　あーまいにおいの　ごちそうだ
　トントンガリガリ　むしばをつくろう
　それいそげ

夏

4

- 保育者　そのときです！ 光る物が飛んできました。
- ピカリン　待てー！ かばくんを虫歯なんかにさせないぞ！
- むしばキン　お前は誰だー!?
- ピカリン　ぼくは、歯ブラシ王子ピカリン！
みんなの歯を虫歯から守るんだ。
それ、シュワシュワ攻撃！

●右手の指を下に向け、泣き顔のむしばキンを見せます。
　ブラシでむしばキンをこするように動かします。

歯ブラシ王子ピカリン！

5

- ピカリン　ピカリン攻撃！ ゴシゴシー！
- むしばキン　こりゃたまらん。助けてー、逃げろー！

●穴から右手を抜き、かばの口を閉じます。

- 保育者　むしばキンが逃げて行ったら、かばくんが目を覚ましました。

●目のしかけを押して、にっこり目に変えます。

- かば　あれ？ ピカリンだ、どうしたの？
- ピカリン　今、かばくんの歯が、むしばキンにやられそうになったから、助けに来たんだよ。
- かば　えっ、むしばキン？

ピカリン攻撃！

助けてー

16

カードシアター かばくんとむしばキン

6

- ピカリン　おやつを食べたあと、
  なにか忘れていなかったかい？
- かば　えーと、うーんと…。
  歯磨きしなかった！
- ピカリン　危なかったね。
  もうちょっとで虫歯になるところだったよ。
- かば　ピカリン、
  助けてくれてありがとう！

♪ みんなも歯磨き忘れないでね

- ピカリン　食べたあとは、歯磨きを忘れないでね。
  バイバイ！
- 保育者　ピカリンは飛んで行ってしまいました。
  みんなも歯磨き忘れないでね。

バイバイ

おしまい

♪ むしばキンの歌

作詞・作曲／浅野ななみ

おくちのなかで　みつけたよ　トントンガリガリ　むしばをつくろう　それい　そ　げ
あーまいにおいの　ごちそうだ

夏

パネルシアター 4〜5歳児

織姫と彦星

七夕の由来を楽しいパネルシアターで演じましょう。
白いパネルステージではなく、黒いパネル布を使います。
ブラックライトがなくても、夜空の雰囲気が演出できます。

作・指導●月下和恵　絵人形イラスト・製作●笹沼 香

このシアターで使う物

| 織姫① | 織姫② | 彦星① | 彦星② | 星の王様 | 星2種類 |

| はた織り機 | 牛 | 音符 | 鳥 | ベガ | アルタイル |

花　七夕飾り

※実際の絵人形は、余白部分が黒く塗られています。

1

昔、昔のお話です

● 星をパネルの四隅に貼ります。

保育者　昔、昔のお話です。
　　　　　空には、織姫と彦星が住んでいました。

● 織姫①と彦星①を出して貼ります。

保育者　2人は大の仲よしで、いつもいっしょに楽しく遊んでいます。

2

●星の王様を出して貼ります。

(保育者) ある日、星の王様が2人に仕事をするように言いました。

3

(保育者) 織姫は、はたを織るのが仕事です。
●はた織り機を出して織姫の横に貼ります。
(保育者) 彦星は、牛を飼う仕事です。
●牛を出して、彦星の横に貼ります。
●星の王様を外します。
(保育者) 牛の世話はたいへんです。草を食べさせるために、草の生えている所へ連れて行ったり、体を洗ってやったり、目の回るような忙しさです。
(彦星) あー、もう疲れた！早く織姫と遊びたいなあ。

4

(保育者) トントンパタリ、トンパタリ。織姫は、朝から晩まではたを織っていたので、彦星に会えません。
(織姫) もう嫌！ はたを織るだけで、彦星に会えないなんて。もっと彦星と遊びたい。
●彦星を織姫の所へ近づけます。
(彦星) 織姫、いっしょに遊ぼう。
(織姫) うん！ 遊ぼう、遊ぼう。

夏

5

- ●織姫②と、彦星②に入れ替えます。
- (保育者) 彦星は得意の笛を吹き、織姫はその笛に合わせて踊ります。
- (織姫) 彦星の笛って、とってもきれいな音！
- ●音符を出して貼ります。
- (彦星) 織姫は、本当に踊りが上手だね。

- (保育者) 2人が仕事をしないので、布はできあがらず、
- ●はた織り機を裏返します。
- (保育者) 牛も、どんどん痩せてしまいました。
- ●牛を裏返します。
- ●はた織り機と牛、音符を外します。

6

カンカンです

- ●星の王様を出します。
- (保育者) 星の王様はカンカンです。
- (星の王様) これ以上は許せん。遊んでばかりとは何事だ！2人とも離れ離れになるがよい。
- ●織姫②と彦星②を、織姫①と彦星①に入れ替えます。
- (保育者) そう言って、織姫と彦星を天の川の両側に引き離してしまいました。
- ●パネルの四隅の星を並べて、天の川を作り、織姫と彦星を天の川の両側に引き離します。
- ●星の王様を外します。

パネルシアター **織姫と彦星**

7
- 保育者：離れ離れになって、2人は悲しみました。
- 織姫：もう彦星に会えないなんて…。

●織姫の泣き顔を重ね、

- 彦星：もう織姫と、遊べないなんて…。

●彦星も泣き顔を重ねます。

8
●星の王様を手に持ちます。
- 保育者：そんな2人の様子を見て、星の王様は考えました。
- 星の王様：これでは、あまりにかわいそうだ。
- 保育者：そこで、星の王様は、1年にたった1度だけ2人を会わせてあげることにしました。天の川にたくさんの鳥をつなげて、橋を架けたのです。

●星の王様を下ろして、天の川の上に鳥を貼ります。

かわいそうだね

夏

9

(保育者) 織姫は、鳥たちが橋になってくれたのを見て喜びました。

●織姫の泣き顔を外します。

(織姫) まあ、鳥さんたち、ありがとう。これで彦星に会いに行けるわ。

●鳥の上を渡るように織姫を移動させ、彦星の隣に貼ります。

まあ！

10

(織姫) 彦星！

(彦星) 織姫！

●彦星の泣き顔を外します。

(保育者) 2人は手を取り合って喜びました。

●2人の周りに花を貼ります。

(保育者) これが7月7日の夜のこと。2人の願いがかなった日です。

パネルシアター 織姫と彦星

11

保育者 それから7月7日にお星様に願いごとをするとかなうと言われ、「七夕祭り」が始まったのです。短冊に願いごとを書いて、笹の葉に結び、七夕祭りをするようになりました。

● 七夕飾りを出します。

12

保育者 毎年1年に1度、7月7日の七夕の日に、空の上で織姫と彦星も会えることを喜んでいるでしょう。

● 織姫と彦星、花、鳥を外して、ベガとアルタイルの星を貼ります。

保育者 みんなも、七夕の夜には空を見上げて、織姫（ベガ）や彦星（アルタイル）を見つけてみましょう。

星空を見てみましょう

おしまい

作り方

● 材料
不織布、コピー用紙

| 鉛筆 | 不織布 | 油性ペン |

1. 型紙のコピーをとる
2. コピーの上に不織布を載せ、鉛筆で写しとる
3. 絵の具やポスターカラー、マーカーで着色
4. 完全に乾いたら、油性ペンで縁取りをし、切り取り線の内側も黒く塗りつぶす
5. 線に沿って切る

型紙はP84〜87

夏

紙皿・紙コップシアター　2〜4歳児

スイスイ　さかなくん

「うみ」の歌を盛り込んだ楽しいシアターです。
バッグのように持ち歩けるさかなくんは、紙皿ですぐに作れます。

案・指導・製作●山本和子

このシアターで使う物

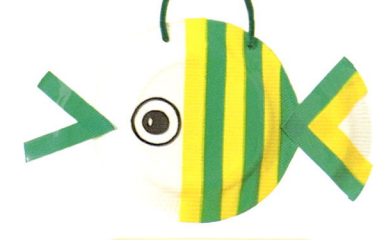

- さかなくん 
- 岩 
- いぬちゃん

こんにちは

1

● 岩の後ろにいぬちゃんと帽子を隠しておきます。
　さかなくんを持って子どもたちに見せながら

さかなくん　みんな、こんにちはー。
ここはね、海の中です。
スーイスーイ、とっても気持ちいいよ。
そうだ、歌をうたおうっと！

♪うみは

ひろいな〜

2

●さかなくんが泳いでいるように手を動かしながら、「うみ」の歌の1番をうたいます。

さかなくん ♪うみは　ひろいな
　　　　　　おおきいな
　　　　　　つきが　のぼるし
　　　　　　ひがしずむ

おひさまだ！

3

●岩の後ろに置いた帽子を、"おひさま"に見えるように手に取って出し、さかなくんの方へ動かします。

さかなくん わあ、「♪ひがしずむ〜」じゃなくて、ひゅるるるる〜って、おひさまが飛んできた！

4

●帽子をさかなくんの口に引っかけます。

さかなくん おや、なあんだ。おひさまじゃなくて、帽子だったんだ。誰の帽子かな？

★夏

5

●岩の後ろに置いたいぬちゃんを取り出します。

いぬちゃん わあー、わたしの帽子が、風で飛ばされちゃった！

さかなくん あっ、そうか。いぬちゃんの帽子だったんだね。

> わたしの帽子が〜！

6

●いぬちゃんをテーブルに置いて、さかなくんの口に引っかけてあった帽子をいぬちゃんにかぶせます。

さかなくん よし、いまかぶせてあげるね。それ、ぴゅう―――！ すぽん！

いぬちゃん わあ、ありがとう！

紙皿・紙コップシアター **スイスイ さかなくん**

7

♪うみに おふねを

- さかなくんといぬちゃんを手に持って楽しそうに動かしながら、「うみ」の3番をうたいます。

さかなくん ねえ、いっしょにうたおうよ！
いぬちゃん うん！

♪うみに おふねを うかばして
　いって みたいな よその くに

保育者 みんなもいっしょにうたってみましょう！

おしまい

♪うみ

作詞／林柳波
作曲／井上武士

♩=88

1. うみは ひろいな おおきいな
2. うみは おおなみ あおいなみ
3. うみに おふねを うかばして

つきが のぼるし ひがしずく むらに
きれて のどこまい しくつの
ゆい て どみ しでな よそ に

作り方

●材料
紙皿、ビニールテープ、色画用紙、モール、紙コップ、画用紙、プラスチックスプーン

型紙は **P88**

Ⓐにビニールテープを貼る
Ⓑにビニールテープを貼る
モール
Ⓒを貼る
紙皿
色画用紙に描く
紙コップ
色画用紙
ビニールテープ
プラスチックスプーン
半分に切った紙皿にビニールテープを貼る
紙コップ
画用紙で筒を作る

夏

うちわシアター　2〜3歳児

おもしろ花火がドドーン、パッ！

うちわを使った簡単なしかけで演じられるシアターです。
ユニークな花火がつぎつぎに上がりますよ。

案・指導・製作●山本省三

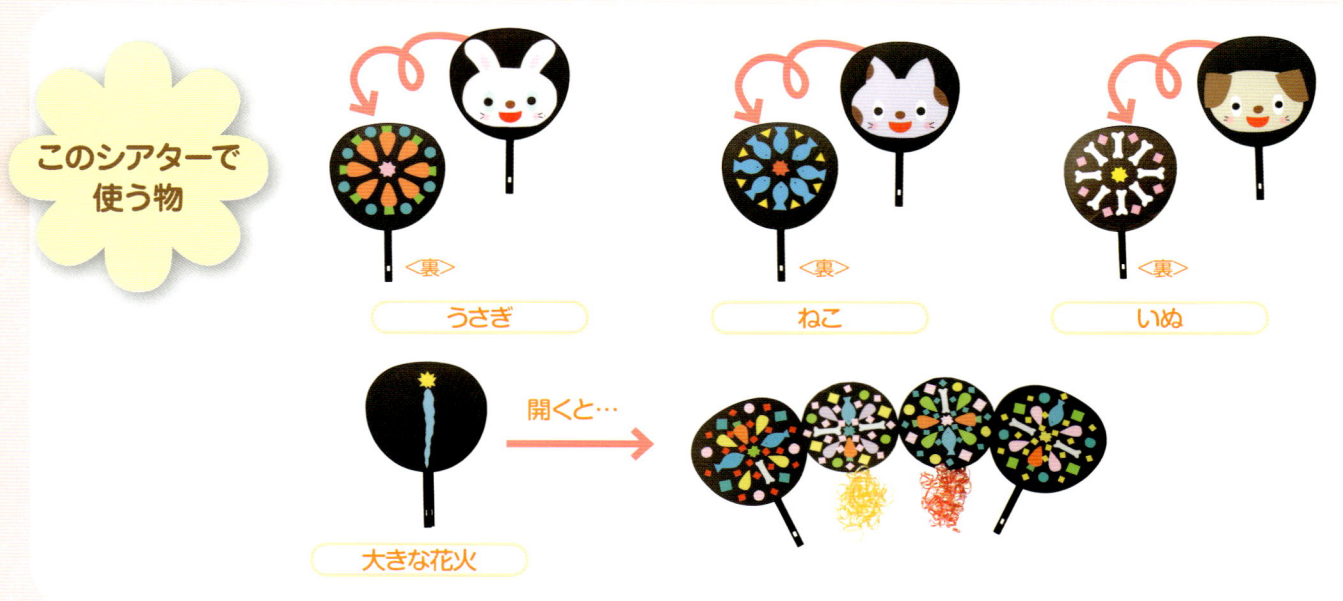

このシアターで使う物

- うさぎ〈裏〉
- ねこ〈裏〉
- いぬ〈裏〉
- 大きな花火 開くと…

1

「おもしろ花火大会があるんだって！」

● うさぎ、ねこ、いぬの顔が付いたうちわを持って登場。

保育者 きょうは、おもしろ花火大会があるんだって！ 動物たちが集まってきました。

2

- うさぎのうちわを顔に当てて

保育者 ぴょんぴょん。うさぎさんの好きな花火、上がるかな？

うさぎさんの好きな花火、上がるかな？

3

- うさぎのうちわを高く掲げ、クルッと裏返して花火の面を見せます。

保育者 ドドーン、パッ！
上がりました、上がりました。
うさぎさんの大好きな、にんじん花火！

- うちわをうさぎの面に戻して、下ろします。

クルッ

にんじん花火！

うさぎさんの大好きな、にんじん花火！

ドドーン、パッ！

29

★夏

4

ねこくんの好きな花火、上がるかな？

さかな花火！

ドドーン、パッ！

● ねこのうちわを顔に当てて

保育者 にゃんにゃん。ねこくんの好きな花火、上がるかな？

● ねこのうちわを高く掲げ、裏返して

保育者 ドドーン、パッ！ 上がりました。ねこくんの好きな、さかな花火！

● うちわをねこの面に戻して、下ろします。

5

いぬさんの好きな花火、上がるかな？

ほねほね花火！

ドドーン、パッ！

● いぬのうちわを顔に当てて

保育者 わんわん。いぬさんの好きな花火、上がるかな？

● いぬのうちわを高く掲げ、裏返して

保育者 ドドーン、パッ！ 上がりました。いぬさんの好きな、ほねほね花火！

● うちわをいぬの面に戻して、下ろします。

うちわシアター　**おもしろ花火がドドーン、パッ！**

もっとすごい
花火が
上がるよ！

6

保育者　もっとすごい花火が
上がるよ！　見ていてね。

●大きな花火(しかけを閉じた状態)を下から上に動かしながら、

保育者　ヒュ～～～ッ…。

ヒュ～～～ッ…。

7

●うちわを高く掲げ、しかけを開きます。

保育者　ドドドドドーン!!　パパーン！
たくさんつながった大きな大きな
花火が上がりました。とっても楽
しい花火大会、これにておしまい。

ドドドドドーン!!

作り方
●材料　うちわ、色画用紙、画用紙、ラッピング用のリボン

〈うさぎ、ねこ、いぬ〉

うちわに
色画用紙を貼る

色画用紙や
画用紙を貼る

〈大きな花火〉

色画用紙

裏に貼る　色画用紙　セロハンテープ
でつなぐ　ラッピング用の
リボンを貼る

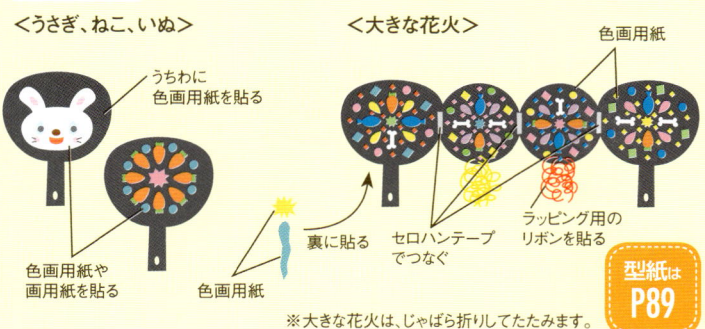

型紙は **P89**

※大きな花火は、じゃばら折りしてたたみます。

おしまい

秋

タオルシアター　3〜5歳児
慌てずに避難しよう

9月1日は「防災の日」。避難訓練の指導にピッタリのシアターです。避難するときに大切な「おかしも」が伝えられます。

案・指導・製作●木村 研

1
●白い面が表になるように、タオルを半分に折ります。

保育者 みんな、突然、地震や火事が起きたらどうする？ タオルを使って、逃げ方をお話しします。大切なところは、まねをしましょう。

「大切なところはまねをしてね」

グラグラ

2
保育者 園では、みんなが仲よく遊んでいました。
●タオルを園舎に見立てて波打つように、横に揺らします。
保育者 すると、突然、グラグラっと建物が揺れました。

「机の下に入ろう」

3

● 両手を肩幅くらいに胸の前で開き、その上にタオルを載せて机を作ります。

保育者 たいへん。地震よ。いろんな物が落ちてくると危ないから、慌てずに机の下に入りましょう。

「静かにしようね」

4

● タオルを上に上げ、机の下に入るように、体をタオルの下に。

保育者 揺れが収まるまで、静かに机の下にいようね。

しーっ

子どもたち
両手で頭を守ります。

「みんなもかぶろう」

子どもたち
防災頭巾をかぶるように、頭の上で両手の指先を合わせます。

5

● 辺りを見回しながら、白い面を表にしたタオルをかぶり、防災頭巾を作ります。

保育者 あーよかった。でも、油断しちゃ、だめよ。防災頭巾をかぶって外に出ましょう。

● 防災頭巾をかぶります。

保育者 みんなもかぶろう。

秋

6

●タオルの赤い面を内側にして、軽く巻きます。

保育者 そのとき…

火事よ！

ボーッ

●丸めたタオルの中から、赤いタオルを引き出し、火に見立てます。

保育者 たいへん、火事よ。みんな、早く外に逃げましょう。

煙を吸わないように

7

●タオルを折って小さくし、口と鼻を押さえ、体を低くして、逃げる様子を演じましょう。

保育者 みんな、煙を吸わないように、外に出ましょう。

子どもたち

鼻と口を手で押さえます。

タオルシアター **慌てずに避難しよう**

8

ウー!

保育者 あーよかった。

● 赤い面のタオルを横に広げて消防自動車に見立て、左から右へ動かします。

保育者 ウーウー、ウーウー、カーン、カーン、カーン。
そのとき、消防自動車がかけつけました。

9

● 白い面を上にしてタオルをかぶって、その上から厚紙で作ったヘルメットをかぶり、消防士になります。

保育者 消防士さんが来てくれたから、もう心配ないよ。

もう心配ないよ

秋

10
放水開始！

●タオルを丸めて、ホースに見立てて構えます。
保育者　よし、放水開始！
●放水して火を消している様子を演じます。

11
ありがとう

●タオルの赤い面を出し、再び消防自動車に見立てます。
保育者　火が消えたわ。よかったねー。
　　　　消防士さん、ありがとう。
●タオルを右から左へ動かします。
保育者　消防自動車は帰っていきました。

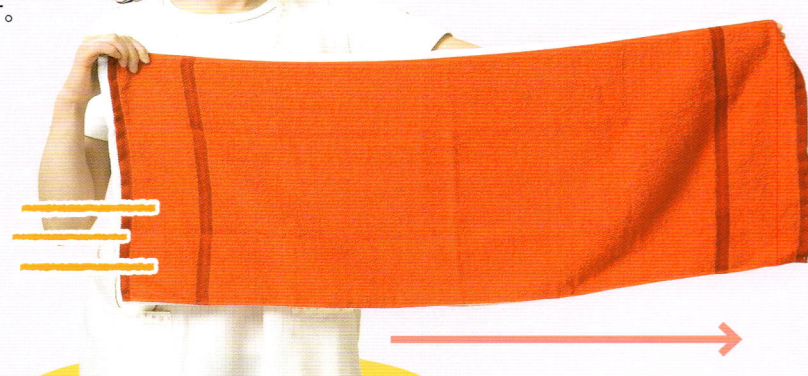

12
もう、大丈夫

●タオルを折り、後ろで持ちます。
保育者　もう、大丈夫よ。

13 タオルシアター 慌てずに避難しよう

先生の言うことを よく聞きましょう

お さない
か けない
し ゃべらない
も どらない

おかしも

保育者 地震や火事のときは慌てずに、先生の言うことをよく聞いて、
押さない・かけない・しゃべらない・戻らないこと。
「お・か・し・も」って覚えてね。
この「おかしも」を守って、みんなの大切な命を守りましょう。

※ **か** を「**は**……はしらない」と置き換えて、「おはしも」と指導する地域も
あります。

おしまい

作り方
●材料
白と赤のタオルを各1枚、厚紙

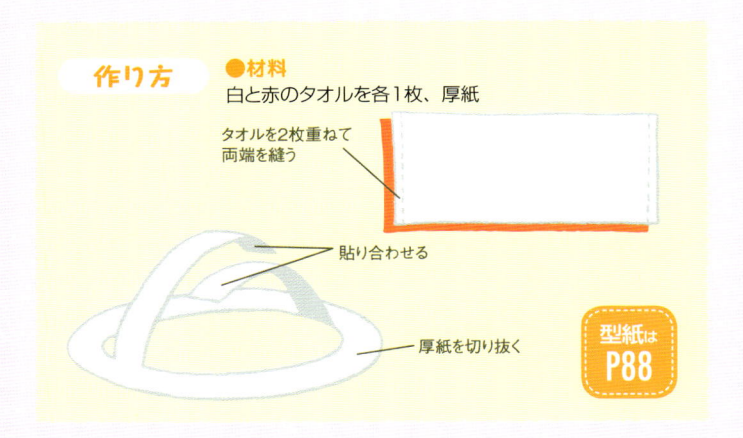

タオルを2枚重ねて両端を縫う
貼り合わせる
厚紙を切り抜く

型紙は P88

37

秋

ペープサート　3〜5歳児

おじいちゃん おばあちゃん ありがとう

ちょっと口うるさいおじいちゃん、おばあちゃん。でも、本当はとっても優しいんだって。
お年寄りとの触れ合いを、ユーモラスに演じてみましょう。

案・指導 ●山本和子　絵人形イラスト・製作 ●あさいかなえ

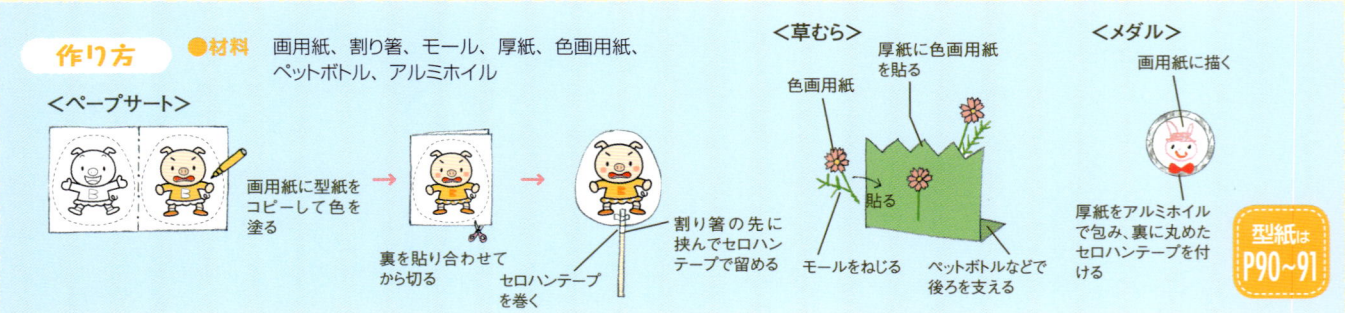

このシアターで使う物

- こぶたちゃん
- たぬきくん
- おばあちゃん
- おじいちゃん
- バナナ
- 飛行機
- ごみ箱
- プレゼント
  ※メダルは、裏に丸めたセロハンテープを付けて、この位置にセットしておく。
- 草むら
- 油粘土 <小1個> <大4個>

作り方

●材料　画用紙、割り箸、モール、厚紙、色画用紙、ペットボトル、アルミホイル

<ペープサート>
画用紙に型紙をコピーして色を塗る → 裏を貼り合わせてから切る → 割り箸の先に挟んでセロハンテープで留める　セロハンテープを巻く

<草むら>
厚紙に色画用紙を貼る　色画用紙　貼る　モールをねじる　ペットボトルなどで後ろを支える

<メダル>
画用紙に描く　厚紙をアルミホイルで包み、裏に丸めたセロハンテープを付ける

型紙はP90〜91

1

- ●テーブルに草むらを出し、その後ろに油粘土（大）を2つ置きます。草むらの前に油粘土（大）に差したごみ箱を置き、テーブルの中央に油粘土（小）（大）を置きます。こぶたちゃんをにこにこ顔（表）にし、バナナを食べているように動かしながら登場させます。

保育者　こぶたちゃんがバナナを食べています。

こぶたちゃん　もぐもぐ。ああ、おいしかった！
皮は、どうしようかな…。
ポイッ！

もぐもぐ

- ●バナナを反転させて、皮を捨てるようにして油粘土（小）に差します。

2

保育者　そこへ、近所のうさぎのおばあちゃんがやって来ました。

- ●おばあちゃんをがみがみ顔（裏）にして出します。

おばあちゃん　バナナの皮を捨ててはだめですよ！
ごみ箱へ入れてらっしゃい！

- ●こぶたちゃんを反転させてぷんぷん顔（裏）にします。

こぶたちゃん　あっ、がみがみおばあちゃんだ！
はーい。

こぶたちゃんを反転

秋

3

●バナナの皮をごみ箱へ持って行き、ごみ箱を反転させます。バナナの皮は草むらの後ろに隠します。

おばあちゃん まあ、こぶたちゃん、いい子ね。

●おばあちゃんをにこにこ顔（表）にしてから退場させ、ごみ箱は油粘土ごとテーブルの下へ隠します。

おばあちゃんを反転

貸して！

4

●こぶたちゃんを反転させてにこにこ顔（表）にし、左手に持ち替えます。たぬきくんをにこにこ顔（表）にして出します。

保育者 おばあちゃんが行ってしまうと、今度は友達のたぬきくんがやって来ました。

たぬきくん こぶたちゃん、見て。ぼくの飛行機だよ。

●飛行機を出して、油粘土（小）に差します。

こぶたちゃん わー、いいな、わたしにも貸して！

5

たぬきくん やーだよ。貸してあげない。

こぶたちゃん 貸してよ、貸してよ！

●こぶたちゃんとたぬきくんを反転させて、ぷんぷん顔（裏）に。飛行機を取り合うように動かしてから、飛行機を反転させて、壊れている絵を見せます。

たぬきくんを反転

飛行機を反転

ペープサート　おじいちゃん おばあちゃん ありがとう

6

ササッ

保育者　取り合っていると飛行機は壊れてしまいました。そこへ、近所のやぎのおじいちゃんがやって来ました。

● 右手にたぬきくんとこぶたちゃんを持ち、左手におじいちゃんをがみがみ顔（裏）にして登場させ、油粘土（大）に差します。

おじいちゃん　こらあ、取り合いをしてはいけないぞ！
いっしょに遊びなさい！

たぬきくん　うわあ、がみがみおじいちゃんだ！
逃げろ！　逃げろ！

● こぶたちゃんとたぬきくんを、逃げるようにして草むらの後ろの油粘土に差し、草むらからのぞいているようにします。

7

おじいちゃん　おやっ、飛行機が壊れているぞ。直しておいてあげよう。

保育者　おじいちゃんの様子を、こぶたちゃんたちは草むらから見ていました。

● 飛行機を反転させて、もとに戻します。おじいちゃんをにこにこ顔（表）にし、退場させます。

直しておいて
あげよう

おじいちゃんを反転

秋

8

- ●草むらから、こぶたちゃんとたぬきくんを出し、反転させて（表）にします。

たぬきくん わーい、がみがみおじいちゃんが、飛行機を直してくれたよ！

こぶたちゃん がみがみおばあちゃんも、がみがみおじいちゃんも、本当はとっても優しいんだよね。

たぬきくん うん、いつもぼくたちのことを心配してくれているんだ。

9

保育者 実はこぶたちゃんたちは、おばあちゃんたちへのプレゼントを作っていたのです。

- ●飛行機とこぶたちゃんたちを一度草むらに隠し、プレゼントを出して、油粘土（小）にさします。

こぶたちゃん プレゼントは、わたしが渡すわ。

たぬきくん ぼくが渡すよ。

こぶたちゃん わたしよ、わたし！

たぬきくん ぼくだよ、ぼく！

- ●こぶたちゃんとたぬきくんを反転させて（裏）にし、プレゼントを取り合うようにします。

10

保育者 おやおや、また取り合いが始まりましたよ。

おばあちゃん こら、取り合いをしてはだめですよ。

おじいちゃん こらあ、取り合いをしてはだめだぞ。

- ●こぶたちゃんとたぬきくんを右手に持ち、草むらの後ろの油粘土を1つ出します。左手でおばあちゃん（裏）、おじいちゃん（裏）を出し、油粘土（大）にさします。

こぶたちゃん あっ、おばあちゃんとおじいちゃんだ。

たぬきくん いっしょに渡そうか。

ペープサート　おじいちゃん おばあちゃん ありがとう

11

プレゼントの箱を開ける

●こぶたちゃんとたぬきくんを反転させてにこにこ顔（表）にします。
- **こぶたちゃん**　いつも見守ってくれてありがとう！
- **たぬきくん**　ぼくたちからのプレゼントだよ。
- **おばあちゃん**　まあまあ、どうもありがとう！

●おばあちゃん、おじいちゃんを（表）にし、プレゼントの箱を開けます。
- **保育者**　プレゼントの箱から出てきたのは、おばあちゃんとおじいちゃんの顔を描いたメダルでした。
- **おじいちゃん**　これはすてきだ。うれしいなあ。
- **こぶたちゃん**　メダルを付けてあげるね。

●プレゼントの箱からメダルを取り、おばあちゃんとおじいちゃんに付けます。
- **保育者**　おばあちゃん、おじいちゃんは大喜びです。

12

よかったね！

●4人を両手で持って、うれしそうに動かします。
- **こぶたちゃん**　おじいちゃん、おばあちゃん！
- **たぬきくん**　これからも元気で長生きしてね！
- **おばあちゃん**　ありがとう！　でも、これからも…
- **おじいちゃん**　どんどん、がみがみ言うぞ。
- **こぶたちゃんたち**　わーっ！
- **保育者**　みんな、にこにこ。よかったね！

おしまい

秋

封筒シアター 3~4歳児

おいもを掘ろう！

にょきっと生えている、いろいろな葉っぱ。
どれを引っ張ればおいもが出てくるのかな？
掘ったおいもでスイートポテトができるおいしい秋のシアターです。

案・指導・製作 ●礒 みゆき

このシアターで使う物

- 畑＆コック帽
- さつまいも
- にんじん
- だいこん
- もぐら
- スイートポテト

1

●保育者は、大きな封筒で作った畑を、首から提げます。

保育者 さあ、みんなでおいも掘りをしよう。
うーん、おいもはどれかな？

「おいも掘りをしよう」

「うーん、おいもはどれかな？」

2

うんとこしょ、どっこいしょ

保育者 これかな？
うんとこしょ、どっこいしょ。
● Ⓐを引っ張って取り出します。
保育者 あっ、だいこんさんだ…。

あっ、だいこんさんだ…

にんじんさん
だった…

3

保育者 これかな？
うんとこしょ、どっこいしょ。
● Ⓑを引っ張って取り出します。
保育者 あれれ、
にんじんさんだった…。

秋

4

保育者 じゃあこれかな？
うんとこしょ、どっこいしょ。
● Cを引っ張って取り出します。
保育者 あっ…もぐらさん！ ごめん、ごめん。

あっ…
もぐらさん！

5

やったー、
おいもだ！！

ポン！！

保育者 よーし、今度こそ！
うんとこしょ、どっこいしょ。まだ抜けないや。
うんとこしょ、どっこいしょ。みんなも手伝って！
● 子どもたちにも声をかけてもらいましょう。
保育者・子どもたち うんとこしょ、どっこいしょ。
● Dを引っ張って取り出します。
保育者 ポン！ やったー、おいもだ！！

封筒シアター **おいもを掘ろう！**

6
●保育者は、空になった紙袋を、裏側を前にして頭にかぶります。

保育者 さあ、このおいもでおいしい物を作りましょう！

コックさんに変身!!

いただきまーす！

●Dの葉っぱを引っ張って取り除き、おいもの部分を裏返します。

保育者 バターを塗って、じっくり焼いて。う〜ん、いいにおい…。スイートポテトのできあがり！いただきまーす!!

7

おしまい

作り方

●**材料** 茶色の封筒（小）、白い封筒（大）、色画用紙、モール、ひも

〈準備〉
封筒　不要部分を切る

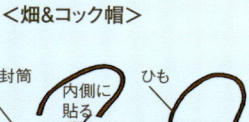

〈畑＆コック帽〉 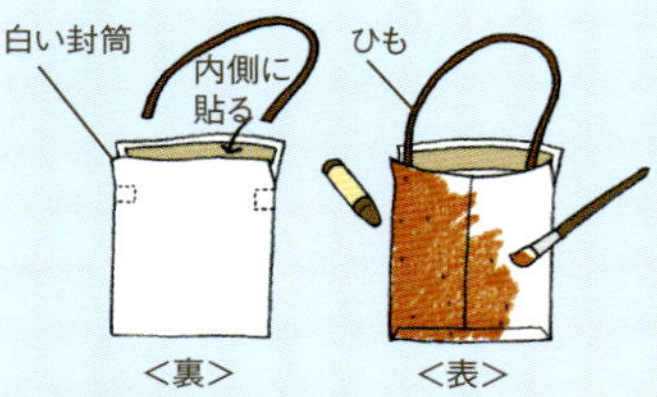
白い封筒　内側に貼る　ひも
〈裏〉左右に切り込みを入れ、点線部分をセロハンテープで補強する
〈表〉絵の具で茶色く塗り、クレヨンで点を描いて畑にする

〈だいこん、にんじん、もぐら〉 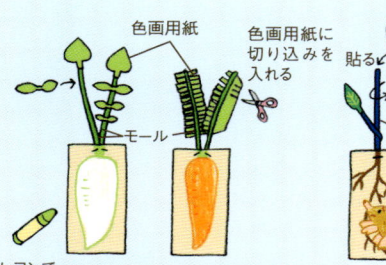
色画用紙　色画用紙に切り込みを入れる　モール
クレヨンで描く
封筒に茎を差し込み、ホッチキスで留める

貼る　色画用紙　モール

〈さつまいも＆スイートポテト〉 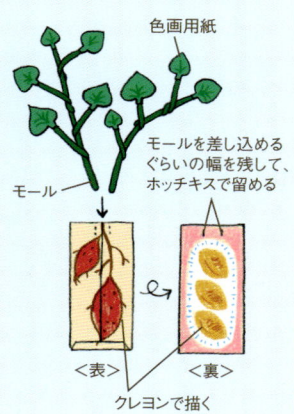
色画用紙　モール
モールを差し込めるぐらいの幅を残して、ホッチキスで留める
〈表〉〈裏〉クレヨンで描く

型紙はP92

秋

リサイクル素材シアター　3〜5歳児

ハロウィーンでドッキリ！

カップ麺の容器を使った楽しいハロウィーンシアターです。
人形は、子どもたちによく見えるよう近づけたり、大きく動かしたりして演じましょう。

案・指導●山本和子　製作●あさいかなえ

このシアターで使う物

- おうち
- かぼちゃ
- おばけ
- お菓子袋
- こぶた　変身用おばけ
- うさぎ
- くま

1

● おうちとかぼちゃは後ろにペットボトルや積み木などを置いて立てかけます。うさぎ、くま、おばけはおうちの後ろに、こぶたの変身用おばけはかぼちゃの後ろに置き、こぶたを手に持って登場。

こぶた　きょうはハロウィーン！おばけになって、みんなをおどかしてもいい日なの。おまけにお菓子がもらえるよ。

> きょうは
> ハロウィーン

2

●「へんし〜ん」という言葉に合わせて、かぼちゃの後ろからこぶたの変身用おばけを出して重ね、かぼちゃのおばけに変身します。

こぶた おばけに、へんし〜ん！ ドロドロバアー、おばけだぞー！ アハハッ、怖いでしょう？
さあ、みんなをおどかしに出発。

おばけに
へんし〜ん！

〈んし〜ん！！〉

3

●おうちの表札をうさぎに変えます。こぶたのノックの音に合わせて、おうちのドアを開け、うさぎを出します。

こぶた 最初はうさぎさんのおうち。トントントン。
うさぎ まあ、誰かしら？
こぶた おばけだぞ〜！ お菓子をくれないと、いたずらしちゃうぞ〜！

おばけだぞ〜！

秋

うひひ、やったー！

4

- **うさぎ** きゃあ！ いらっしゃい、おばけさん。お菓子をどうぞ。
- ●うさぎの手からお菓子袋をもらい、こぶたの手にかけます。
- **こぶた** やったー！ ありがとう。

5

おばけだぞ〜

うひゃ〜

- ●うさぎはかぼちゃの後ろに置き、おうちの表札をくまに変えます。3、4と同じように繰り返します。
- **こぶた** 次はくまさんのおうちだよ。トントントン。おばけだぞ〜！ お菓子をくれないといたずらしちゃうぞー！
- **くま** うひゃあー！ いらっしゃい、おばけさん。お菓子をどうぞ。
- **こぶた** やったー！ ありがとう。

6

いらっしゃーい！

- ●くまはかぼちゃの後ろに置き、おうちの表札をおばけに変えます。こぶたのノックの音に合わせておうちのドアを開け、おばけを出します。
- **こぶた** あれ、ここは誰のおうちかな？ まあ、いいや。トントントン。お菓子をくれないと、いたずらしちゃうぞ〜！
- **おばけ** いらっしゃーい！

リサイクル素材シアター　**ハロウィーンでドッキリ！**

7

● おばけだとわかってビックリするタイミングで、こぶたのカップを外し、かぼちゃの後ろに置きます。

おばけ　ヒュルルル〜ドロドロドロ〜。
こぶた　うわー、すごい！　本物のおばけみたい。ねえ、誰が化けているの？　お面を取って見せてよ。
おばけ　取れないよ〜。だってこれがぼくの顔だもの。
こぶた　キャー、本物のおばけだー。お菓子をあげるから、助けて〜！

ヒュルルル〜

キャー 本物だー

8

おばけ　こぶたちゃん、大丈夫？　きょうはハロウィーンだから、ぼくもみんなと遊べるんだ。
こぶた　わーい、よかった！　それじゃあ、みんなでお菓子を食べよう！　うさぎさんもくまさんもどうぞ。
● こぶたの「どうぞ」のせりふで、うさぎとくまの人形を並べます。
保育者　おばけも大喜び！　楽しいハロウィーンになりました。

みんなで食べよ

わーい

おしまい

作り方

● **材料**　カップ麺容器、色画用紙、不織布、フック、ボタン、糸、段ボール（台紙用）、モール（表札と菓子袋用）

＜おうち＞
- 段ボールに色画用紙を貼る
- フックを貼る
- ドアにボタンを縫い留めてドアノブにする
- ドアの切り込みを入れる

＜かぼちゃ＞
- 色画用紙
- 線を描く

＜人形＞
- 色画用紙
- カップ麺容器

＜変身用おばけ＞
- 不織布

型紙は P93〜94

秋

ペープサート 4～5歳児

働く人がたくさん

巻き込みタイプのペープサートで、「勤労感謝の日」をわかりやすく伝えます。子どもたちの反応に合わせて、やりとりを楽しみながら表情豊かに演じましょう。

案・指導●阿部 恵　絵人形イラスト・製作●加藤直美

このシアターで使う物

カレンダー 　　ペープサート

1

- ペープサートはエプロンのポケットに入れておきます。カレンダーを持って、11月23日を指さします。

保育者　11月23日は「勤労感謝の日」です。難しい言葉だけど、どんな日か知っていますか？
これから先生がお話ししますね。

11月23日は「勤労感謝の日」です

2

「朝ごはんを しっかり 食べて来ます」

●カレンダーをしまいます。

保育者 先生はみんなとたくさん遊ぶために、朝ごはんをしっかり食べて来ます。

3

「お米は 農家の人が 育ててくれます」

●巻き込みペープサートを取り出し、1場面目を見せながら。

保育者 ごはんのお米は農家の人が育ててくれます。

秋

野菜を売って
くれるのは誰かな？

4

保育者　農家の人のなかには、お米だけじゃなく、野菜を育ててくれる人もいます。
その野菜を売ってくれるのは誰かな？
●子どもたちの反応を受けて、2場面目を開きます。
保育者　そう！　八百屋さんやスーパーの人だね！

どんな
お仕事を
しているかな？

電車には
車掌さんがいます

5

●3場面目を開きながら。
保育者　お出かけするときには電車に乗りますよ。電車には車掌さんがいます。車掌さんは、どんなお仕事をしているかな？
●子どもたちの反応を受けて。
保育者　ドアの開け閉めの合図をしたり、次の駅を教えてくれたりします。

6

パトロールして
くれているよ

●4場面目を開きながら。
保育者　それから、これはおまわりさん。みんなが安心して暮らせるようにパトロールしてくれているよ。そうそう、春に交通安全のお話をしに来てくれたね。

ペープサート **働く人がたくさん**

7

●5場面目を開きながら。

保育者 道路を造ってくれたり、直したりしてくれるのは、工事のおじさんです。
工事のおじさんは、他にもいろいろなことをしてくれているよ。なにかな？

●子どもたちの反応を受けて。

保育者 そうだね。ビルを建てたり、橋を架けたりしてくれるね。

「工事のおじさんです」

「元気に園に来られたかな？」

8

保育者 さてさて、きょうはみんな元気に園に来られたかな？
お休みの人はいませんね。
でも、もしおなかが痛かったり、熱が出たりしたら、どうする？

●6場面目を開きながら。

保育者 病院で診てもらうよね。病院には看護師さんがいます。
看護師さんに優しくしてもらえると、うれしいよね。

9

●7場面目を開きます。

保育者 じゃあ、これは誰かな？

「これは誰かな？」

秋

10

> 園の先生です

> 小さな頃から、ずっと園の先生になりたいと思っていました

● 子どもたちの反応を受けて。

保育者 園の先生です。先生は小さな頃から、ずっと園の先生になりたいと思っていました。みんなと同じように園に通っていたときに、いっぱい遊んでくれる園の先生が大好きだったからです。他にも…。

● 下記の「ペープサートの裏返し方」のようにして、裏面を見せます。

ペープサートの裏返し方

1 右手の Ⓐ を離します。

2 左手の Ⓑ を右手に持ち替えます。

3 左手で Ⓐ を持ちます。

ペープサート **働く人がたくさん**

11

働いている人が
たくさんいます

保育者 ほら見て!! みんなの周りには働いている人がたくさんいます。
● 子どもたちの反応を受けながら、指さして。
保育者 お父さんやお母さん、宅配便やさん、コックさん、お花やさん、ケーキやさん…。
みんなのためにいろいろなお仕事をしてくれています。

いろいろなお仕事を
してくれています

みんなも働く人に
「ありがとう」の
気持ちを忘れないでね

12
保育者 先生もみんなも、たくさんの働く人に助けられて生活しているんだね。
一生懸命働くのは、とても大事なことなの。
「勤労感謝の日」は、そんな働く人に「ありがとう」と感謝する日です。
みんなも働く人に「ありがとう」の気持ちを忘れないでね。

おしまい

作り方
● 材料　コピー用紙、割り箸、両面テープ

＜表面＞ コピー用紙に型紙をコピーして色を塗る
割り箸を巻き込んで貼る
＜裏面＞ 両面テープ　両面テープ
割り箸
❶ 表面と裏面を外表に貼り合わせる
❷ 折り線に合わせて折る

型紙は **P95**

「勤労感謝の日」とは

「勤労をたっとび、生産を祝い、国民たがいに感謝しあう日」として、1948（昭和23）年に制定されました。それより前は、天皇が新穀を天神地祇（てんじんちぎ）に勧め、自らも食する「新嘗祭（にいなめさい）」という祭事の日とされていて、皇室に限らず人々が農作物の恵みを感じ、収穫を祝う日でもありました。

冬 ブラックパネルシアター 2~5歳児

サンタクロースの落とし物

ブラックライトで光る幻想的なパネルシアターです。
お部屋を暗くして演じるので、子どもたちもワクワク、盛り上がります。

案・指導●月下和恵　絵人形イラスト・製作●楢原美加子

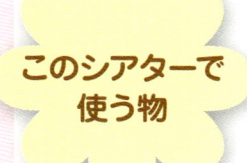

このシアターで使う物

- サンタクロース
- ブウくん  
- うさぎちゃん　※裏打ちしたリボンをセットしておきます。
- ねこちゃん
- 白い袋 
- 葉っぱ 
- 木 
- 飛び出す星  
- プレゼント 
- こんぺいとう 
- 空飛ぶそり 
- 星空①② 
- 音符 

※実際の絵人形は、余白部分が黒く塗られています。

1

きょうは
クリスマスの
お話をします

※ブラックライトを当て、人形だけを浮かび上がらせるようにするため、黒いパネルステージを使います。

●ねこを出して貼ります。

保育者 きょうはクリスマスのお話をします。ある日、ねこちゃんが歩いていると、道になにか落ちているのに気がつきました。

●袋を出して貼ります。

ねこちゃん あれ？　これなんだろう？

袋の裏側にはポケットを作っておきます。そして演じる前に、木、飛び出す星①・②、プレゼント①・②・③、サンタクロースを順番に入れておきましょう。木は縮めて、サンタクロースはたたんで、小さくすると入ります。

これ
なんだろう？

なにか
入れて
みようかな

2

●ねこを袋に近づけます。

保育者 近づいてみると、白い袋です。
ねこちゃん いったいなにかしら？
保育者 中をのぞいても、なにも入っていません。
ねこちゃん からっぽだから、なにか入れてみようかな。

冬

③
これを入れてみようかな

●葉っぱを出して、ねこに持たせるように貼ります。
ねこちゃん これを入れてみよう。
保育者 ねこちゃんは、足元にあった葉っぱを拾って、袋の中に入れました。すると…。
●葉っぱを袋に入れます。
保育者 急に袋が重くなりました。中を見てびっくり！

④

●ねこを裏返して、袋の中から木を出して貼ります。このとき、少しずつ伸ばしながら出すのがポイントです。
ねこちゃん わっ！
保育者 なんと大きな木が出てきました。
ねこちゃん えーっ！ さっきの葉っぱが木になったの？

伸び縮みする木の作り方
木は3つのパーツからできています。上の2つのパーツは、図のように端だけ木工用接着剤を塗って表と裏の絵を貼り合わせて、ポケット状に作りましょう。下の2つのパーツには、表面の上部にパネル布を貼り付けておきます。

すべり止めにパネル布を貼る
伸びる
縮む
袋に入れるときは縮んだ状態で

⑤
ぼくもなにか入れようっと！

●ねこをもう一度裏返して元に戻し、ぶたを出して隣に貼ります。
保育者 そこへブウくんがやってきました。ねこちゃんから話を聞いて…。
ブウくん ぼくもなにか入れようっと！
●こんぺいとうを袋に入れます。
保育者 ブウくんはこんぺいとうを袋に入れました。

ブラックパネルシアター **サンタクロースの落とし物**

6

- 袋から飛び出す星①・②を出し、ねことぶたを裏返します。

  保育者 すると、袋からたくさんの星が飛び出してきました！ ねこちゃんもブウくんも、もうびっくり！

- 飛び出す星①・②を外して木を裏返し、てっぺんに星をつけます。

※木は、少し縮めてから裏返して伸ばすと、やりやすくなります。

7

すごーい！
わたしも入れたいわ

- ねこ、ぶたを裏返し、うさぎを出して隣に貼ります。

  保育者 そこへうさぎちゃんがやってきました。
  うさぎちゃん うわぁ、すてきなクリスマスツリーね。どうしたの？
  ねこちゃん 袋に葉っぱを入れたの。
  ブウくん 袋にこんぺいとうを入れたの。
  うさぎちゃん すごーい！ わたしも入れたいわ。

8

- うさぎの耳からリボンを外し、手に持たせます。

  保育者 うさぎちゃんは耳の赤いリボンを取って、袋に入れました。

- リボンを袋の中に入れて隠します。

  ねこちゃん どうなるかな？
  ブウくん どうなるかな？
  保育者 ねこちゃん、ブウくんもドッキドキ！

どうなるかな？

冬

9

●袋からプレゼント①・②・③を出します。
- **みんな** あ！ プレゼントだ！
- **保育者** 袋から赤いリボンが付いたプレゼントが飛び出してきました。

●ねこ、ぶた、うさぎを裏返し、それぞれにプレゼントを持たせます。
- **うさぎちゃん** わーい！ プレゼント。
- **ブウくん** やった！ プレゼントだ。
- **ねこちゃん** うれしい！ プレゼントよ。

10

●袋からサンタクロースを出します。袋から出す際、回転させながら演じることで、サンタクロースが頭から出てきたように見えます。
- **サンタクロース** メリークリスマス!!
- **保育者** 袋から出てきたのは、なんとサンタクロースさんでした！

●ぶた、ねこに笑顔を重ねます。
- **みんな** わーい！ サンタクロースさんからのプレゼントだったんだ、ありがとう!!

表情を変えるには？

表情のバリエーションが豊かだと、シアターがさらにおもしろくなります。顔だけの人形を作っておきましょう。裏打ちをして、全身の人形の上に重ねればOKです。

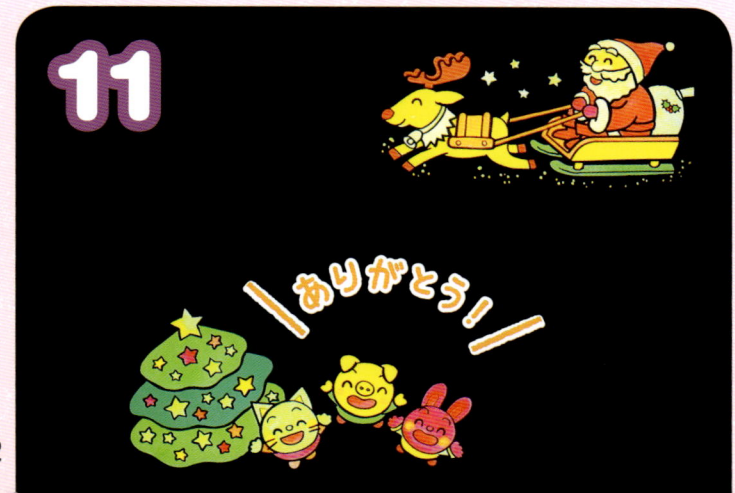

笑顔の絵人形を顔に重ねる

11

●全て外して、見上げるみんなと空飛ぶそりを出します。
- **サンタクロース** じゃあみんな、すてきなクリスマスを過ごしてね！
- **みんな** サンタクロースさん、ありがとう！
- **保育者** トナカイのそりが迎えに来て、みんなが見送るなか、サンタクロースさんは空の向こうに飛んでいきました。

ブラックパネルシアター **サンタクロースの落とし物**

12

●空飛ぶそりを外して星空①・②を出します。星空①のポケットにはあらかじめ音符を入れておき、引き出しながら演じます。

ねこちゃん 楽しかったね！
ブウくん 不思議な袋だったね！
うさぎちゃん ステキなクリスマスだね！
保育者 ねこちゃん、ブウくん、うさぎちゃんの見つめる空にクリスマスの歌が流れてきました。みんなうれしくて、ずっと空を見上げていました。

しかけに注目

星空①に隠しておく音符は、糸で留めてつなげておきましょう。セットするとき、引っ張る音符を一番上にして重ねておくとスムーズに引き出せます。

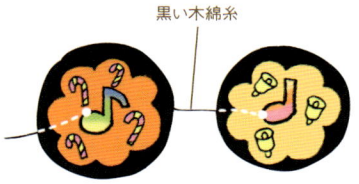

黒い木綿糸

黒い木綿糸でつなげます。黒く塗りつぶした端の部分と、次の音符の中央あたり(音符を縁取っている黒い部分)を繰り返しつなげます。

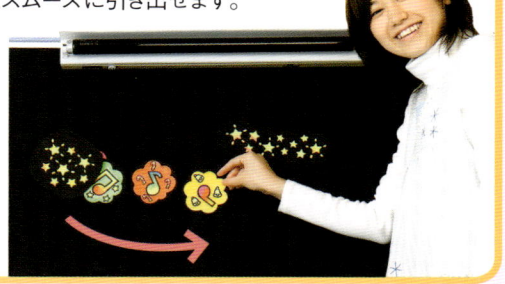

おしまい

作り方
●材料
コピー用紙、不織布、パネル布、木綿糸(太口)

型紙は P96~101

<絵人形の作り方>
塗りつぶす
不織布

型紙のコピーをとり、上に不織布を載せて、鉛筆で写しとる。その絵に蛍光ポスターカラーで着色し、完全に乾いたら油性ペンで縁取りして、切り取り線の内側を黒く塗りつぶし、線に沿って切る。裏にも絵がある人形は、表面と裏面を木工用接着剤で貼り合わせればOK。

<裏打ちの仕方>
裏返す
パネル布

切り取った絵人形の裏に木工用接着剤を付けて、フランネルまたはパネル布を貼る。

<ポケットの付け方>
パネル布
裏返す
木工用接着剤で貼る
コピー用紙

中が透けないよう、コピー用紙などを絵の裏に貼ってから、不織布でポケットを付ける。表から見えないように注意すること。ポケットの上にフランネルまたはパネル布を木工用接着剤で貼る。

<糸留めの仕方>
横から見た図
頭
体
足

パーツごとに切り取り、木綿糸(太口)を2本取りで使う。糸が目立たないよう、表側は周りと同じ色の蛍光ポスターカラーを塗って仕上げる。

冬 カードシアター 4～5歳児

パタパタかぜキン

寒い冬は、子どもたちの周りに「かぜキン」がいっぱい！
さあ、どうしたらかぜキンをやっつけられるかな？
かわいいキャラクターのカードを使って、かぜ予防をわかりやすく伝えましょう。

案・指導・製作●島田明美

このシアターで使う物

かぜキンカード

1

●4枚の「かぜキンカード」を重ね、絵を保育者側にしてテーブルに置きます。

保育者 寒い季節になったね。かぜをひいている子はいないかな？

●子どもたちの反応を待ち、せきをするまねをします。

保育者 ゴホン、ゴホゴホ。あれっ？

●おでこに手を当てながら…。

保育者 う～ん、先生、熱があるみたい。いったい、誰の仕業かな？

●かぜキンカードを180度回転させ、絵を見せます。

保育者 あっ、かぜキンだ！
かぜキンの仕業ね！

ゴホゴホ

熱があるみたい

カードの置き方
4枚重ねる
4枚とも笑っている面が見えているように
泣いている面は隠れている
保育者側

あっ、かぜキンだ！

2

●かぜキンカードを1枚外し、かぜキンを2匹に増やします。

保育者 あれあれ、かぜキンが増えたよ！

> かぜキンが増えたよ！

> かぜキンがいっぱいだ〜!!

どうしよう

3

●かぜキンカードを1枚ずつ外し、かぜキンを増やしていきます。

保育者 わっ、あっという間にかぜキンが増えて…、どうしよう、かぜキンがいっぱいだ〜!!

4

●腕組みをして、考えるしぐさをしながら

保育者 このかぜキン、どうしたらやっつけられるかな？

> どうしたらやっつけられるかな？

冬

5

カードの倒し方
カードを手前へ倒すと…
泣き顔に！

● ひらめいた表情をして、うがいのしぐさをします。
保育者 そうだ、うがいをしよう。ガラガラガラ…、さあ、どうかな？
● かぜキンカードを2枚手前に倒し、かぜキンが泣いている絵にします。
保育者 パタン、パタン。よーし、かぜキンを2匹やっつけたよ！

6

● 再び、ひらめいた表情をして、手を洗うしぐさをします。
保育者 今度は、せっけんで手を洗おう。ゴシゴシゴシ…、さあ、これでどうだ！
● 残りのかぜキンカードを全て手前に倒します。
保育者 パタン、パタン。やった！かぜキンを全部やっつけたよ！

カードシアター **パタパタかぜキン**

7
- もぐもぐ食べるしぐさをし、ガッツポーズをします。
- 保育者 ごはんをもりもり食べれば、もうバッチリ！
  かぜキンなんて、怖くないよ。

かぜキンなんて、怖くないよ！

た　す　け　て〜

8
- 人さし指を立て、そっと話しかけるように
- 保育者 でもね、うがいや手洗いをしなかったり、ごはんをしっかり食べなかったりすると…？
- 倒したカードを、全て元に戻します。
- 保育者 ほら、あっという間にかぜキンが復活しちゃうよ！

9
- もう一度、かぜキンカードを全て手前に倒します。
  にっこりとほほえみながら
- 保育者 かぜキンが復活しないように、みんな、"手洗い・うがい・もりもり食べる"で、毎日元気に過ごそうね！

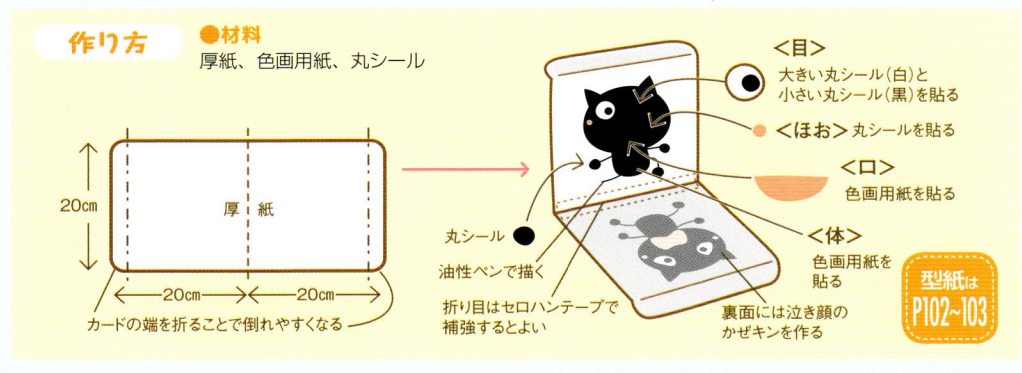

毎日元気に過ごそうね！

作り方　●材料
厚紙、色画用紙、丸シール

↕20cm　厚紙　←20cm→←20cm→
カードの端を折ることで倒れやすくなる

丸シール
油性ペンで描く
折り目はセロハンテープで補強するとよい

<目> 大きい丸シール（白）と小さい丸シール（黒）を貼る
<ほお> 丸シールを貼る
<口> 色画用紙を貼る
<体> 色画用紙を貼る
裏面には泣き顔のかぜキンを作る

型紙はP102〜103

おしまい

冬

パネルシアター 2～5歳児

たぬきくんとおに

おにの色がくるくると変化して、子どもたちはきっと大喜び。
みかんを食べたり、温泉に入ったり、絵人形の手足が動いたり、
変化に富んだお話の世界が楽しめます。

原作●井上ようこ　脚本・指導●月下和恵　絵人形イラスト・製作●宇田川幸子

このシアターで使う物

- おに（A）〈表〉〈裏〉
- おに（B）
- おに（C）〈表〉〈裏〉
- 草むら
- たぬきくん〈表〉〈裏〉
- おけに入ったたぬきくん
- かごに入ったみかん
- 温泉
- 草①
- 草②
- お土産

1

● 草むらとたぬきくんを出し、草むらにはおに（A）を隠しておきます。

保育者　たぬきくんが山の奥を歩いていると、茂みが揺れました。ガサガサ！

たぬきくん　ウキャー、出たー！

● 草むらからおに（A）を出します。

ガサガサ！

2

●たぬきくんを裏返し、両手を上に上げます。

たぬきくん 青おにだー、助けてー！
保育者 すると、おには震えながら言いました。
おに ち、違うよ。青おにじゃないよ。
怖くてびっくりして、真っ青になったの。

●おに（A）を草むらから出します。

助けて！！

3

●たぬきくんを表に戻し、手を下げます。

たぬきくん なぁんだ。怖がりのおになんだ。
きみ、かわいいんだね。
保育者 たぬきくんが言うと、おには…。

きみ、かわいいんだね

冬

4

おに うれしいな。ぼくのこと、かわいいだって…。

●おに(A)を裏返します。

保育者 ほめられたおには、ポッとピンク色になりました。

5

さあさあ、どうぞ

おに ぼくんちにおいでよ。みかんをいっしょに食べようよ。

保育者 たぬきくんはおにの家に遊びに行きました。家に着くとさっそく、みかんが出てきました。

●草むらを外し、みかんが入ったかごを出します。みかんを取っておにとたぬきくんに持たせます。

おに さあさあ、どうぞ。

保育者 そう言いながら、おにはみかんをパクパク…。

●次々にみかんを取って、おにが食べているように動かしながら、おに(A)を外します。

パネルシアター **たぬきくんとおに**

6

●おに（B）に替えて、口の中の切り込みにみかんを入れていきます。

保育者 パクパク、パクパク。おにはどんどんみかんを食べて…、あんまり食べすぎたので、黄色くなりました。

●みかんとかごを外します。

パクパク、パクパク

パクパク、パクパク

7

●草①②と、切り込みにおに（C）を隠した温泉を出します。

保育者 みかんを食べ終えると、おには言いました。

おに 今度は温泉にどうぞ！

保育者 お風呂に案内してくれました。お風呂は外の露天風呂です。

冬

8

●たぬきくんをおけに入ったたぬきくんに替え、温泉の切り込みに差し込みます。

保育者 たぬきくんは、足が届かないので、お風呂におけを浮かべて、その中に入りました。

たぬきくん うわあ、気持ちいい。いい湯だなあ。

保育者 たぬきくんはごきげんです。

9

●おに(B)を温泉に入れます。

保育者 おにもうれしそうにお湯につかりました。

おに うーん、いい気持ち。ブクブク……

●おに(B)を温泉に潜るように下へ動かして外します。切り込みに隠しておいた、おに(C)の顔を出します。

保育者 お湯に潜ったおにが顔を出すと……、あれれー、温泉につかったおには真っ赤っか！

●おに(C)を取り出します。おけに入ったたぬきくんを外して、たぬきくんを出してから、温泉を外します。

真っ赤っか！

パネルシアター **たぬきくんとおに**

10

- ●草を移動します。
- **たぬきくん** あー楽しかった。
- **保育者** たぬきくんはすっかりおにと仲よしになりました。
- ●おに(C)を裏返します。
- **保育者** お湯から出て少しすると、おには元の色に戻りました。
- **おに** また来てね。
- ●たぬきくんとおにの片手を上げ、たぬきくんのもう片方の手には、お土産を持たせます。
- **たぬきくん** バイバイ、ありがとう。
- **保育者** たぬきくんは、お土産にみかんをもらって大喜び。元気に帰って行きました。おには、今度会うとき、なに色のおにになっているのかな？

あー楽しかった

11

ありがとう

おしまい

作り方
●材料　コピー用紙、不織布、パネル布、木綿糸(太口)

型紙はP104〜107

＜基本の人形の作り方＞
●この作り方で作る物●
おけに入ったたぬきくん、草むら、草①、草②、お土産、みかん

- コピー用紙：型紙をコピーして、不織布を載せ、鉛筆で写しとる
- 不織布：絵の具またはポスターカラー、マーカーで着色し、油性ペンで縁取る

＜おに(A)＞
不織布同士を貼り合わせる

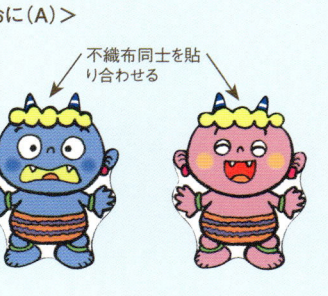

＜かごに入ったみかん＞
- 木工用接着剤
- 不織布
- みかん14個
- みかんを差し込む
- パネル布
- 貼る
- 不織布

＜おに(B)＞ 
- ＜表＞ 不織布　切り込み
- ＜裏＞ 不織布

＜おに(C)＞（たぬきくんも同様に作る）
不織布同士を貼り合わせる
木工用接着剤
手を貼り合わせる 
顔と顔の間に体を、体と体の間に手を挟み、動くように木綿糸(2本取り)で縫い付ける

＜温泉＞ 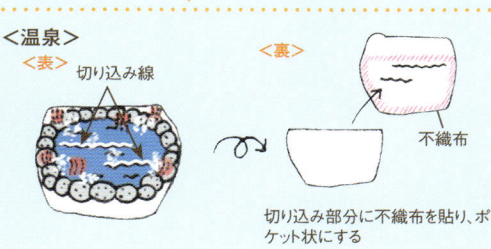
- ＜表＞ 切り込み線
- ＜裏＞ 不織布
- 切り込み部分に不織布を貼り、ポケット状にする
- 切り込み部分に裏から不織布を貼り、ポケット状にする

春

ペープサート　5歳児

ゆきちゃんの うれしいひな祭り

手作りのペープサートとひな壇を囲んで、みんなで楽しくうたいましょう。
歌の場面では、先にペープサートをひな壇にセットしてからうたうと、演じやすくなります。

案・指導　阿部 恵　絵人形イラスト・製作　加藤直美

このシアターで使う物

- ゆきちゃん（表）
- ゆきちゃん（裏）
- おだいりさま
- おひなさま
- 三人官女
- 五人ばやし
- ひな壇
- 右大臣
- 左大臣
- ぼんぼり
- 橘
- 桃
- ひし餅

1

保育者　もうすぐ、楽しいお祭りがあります。なんのお祭りか、知っていますか？そうです、3月3日はひな祭り。ひな祭りに合わせて、先生がいい物を持ってきました。

●紙袋を手に持って見せながら。

保育者　この中に入っていますよ。

いい物を持ってきました

♪じゃん じゃん じゃん じゃ～ん！

2

●期待感をもたせるように、少しずつ出します。

保育者　なにが出てくるかな？

♪じゃん じゃ じゃん じゃんじゃ～ん！

保育者　ひな壇でした。かわいいお人形さんもありますよ。

●ひな壇を出して、テーブルの上に置きます。

春

3

　保育者 さあ、これからみんなにお友達を紹介します。ゆきちゃんです。みんなで名前を呼んでみましょう。

● 子どもたちといっしょにゆきちゃんの名前を呼び、左手にゆきちゃんを持って登場させます。

　ゆきちゃん はーい！

　保育者 このおひなさまは、ゆきちゃんの物だったんです。

　ゆきちゃん ○○組さん、わたしのおひなさまでいっしょに遊びましょう。

ゆきちゃーん！

は〜い！

4

● ぼんぼり2本を出します。

　保育者 これは、なんだかわかりますか？
　　　そう、ぼんぼりです。ここに立て
　　　て…。

● ぼんぼり2本をひな壇にセットします。

● 同様に子どもたちと会話を交わしながら、橘と桃とひし餅、五人ばやし5体を取り出し、セットします。

ペープサート　ゆきちゃんのうれしいひな祭り

5　保育者　さあ、ゆきちゃんといっしょに「うれしいひなまつり」の1番をうたいましょう。

●リズムに合わせてゆきちゃんを揺らしながら、歌詞に合わせて軽く絵人形を指さしつつうたいます。

♪あかりをつけましょ　ぼんぼりに
　おはなを　あげましょ　もものはな
　ごにんばやしの　ふえ　たいこ
　きょうは　たのしい　ひなまつり

♪あかりをつけましょ
　ぼんぼりに

6　保育者　さあ、次は歌の2番に登場するお人形を立てますよ。

●おだいりさまとおひなさまを持ちます。

保育者　これはすぐにわかりますね。そうです。おだいりさまとおひなさまです。おだいりさまとおひなさまには、一番高い所に座ってもらいましょう。

●おだいりさまとおひなさまをひな壇にセットします。

●同様に、子どもたちと会話を交わしながら、三人官女3体をひな壇にセットします。

77

春

7

保育者 今度は2番をうたいましょう。

♪ おだいりさまと　おひなさま
　ふたりならんで　すましがお
　およめに　いらした　ねえさまに
　よくにた　かんじょの　しろいかお

♪ おだいりさまと　おひなさま

♪ うれしいひなまつり

作詞／サトウハチロー　作曲／河村光陽

♩=69　mf　Cm　2/4

1. あかりを　つけましょ　ぼんぼりに　おはなを　あげましょ　もものはな　なおぜた
2. おだいりのさーまと　おひなさま　ふたりならんで　すましがお　なおぜた
3. きいろのおびを　びょうぶにうつる　あかりをけして　すずめもきょうは　はれすがた
4. きものを　きかえて　おびしめて　きょうはたのしい　ひなまつり

Cm　Fm　G　Cm　mp　G7　Cm

ごーにんばやしの　ふえたいこ　きょうはたのしい　ひなまつり
およめーにいらした　ねえさまに　よくにたかんじょの　しろいかお
きものをきかえて　おびしめて　きょうはたのしい　ひなまつり

ペープサート　**ゆきちゃんのうれしいひな祭り**

8

●右大臣と左大臣を子どもたちに見せます。

保育者　今度は右大臣と左大臣です。右大臣の方は少しお顔が赤いですね。

●右大臣と左大臣をひな壇にセットします。

9

保育者　さあ、今度は3番です。

♪きんの　びょうぶに　うつるひを
　かすかに　ゆする　はるのかぜ
　すこし　しろざけ　めされたか
　あかい　おかおの　うだいじん

保育者　右大臣のお顔が赤かったのは、白酒を飲んだからみたいですね。

♪あかい　おかおの　うだいじん

春

10

保育者 さあ、今度は4番をうたいましょう。

●ゆきちゃんの絵人形を裏返して、着物を着ている面を見せます。

クルッ

♪きょうは わたしも はれすがた

♪きものを きかえて おびしめて
　きょうは わたしも はれすがた
　はるの やよいの このよきひ
　なにより うれしい ひなまつり

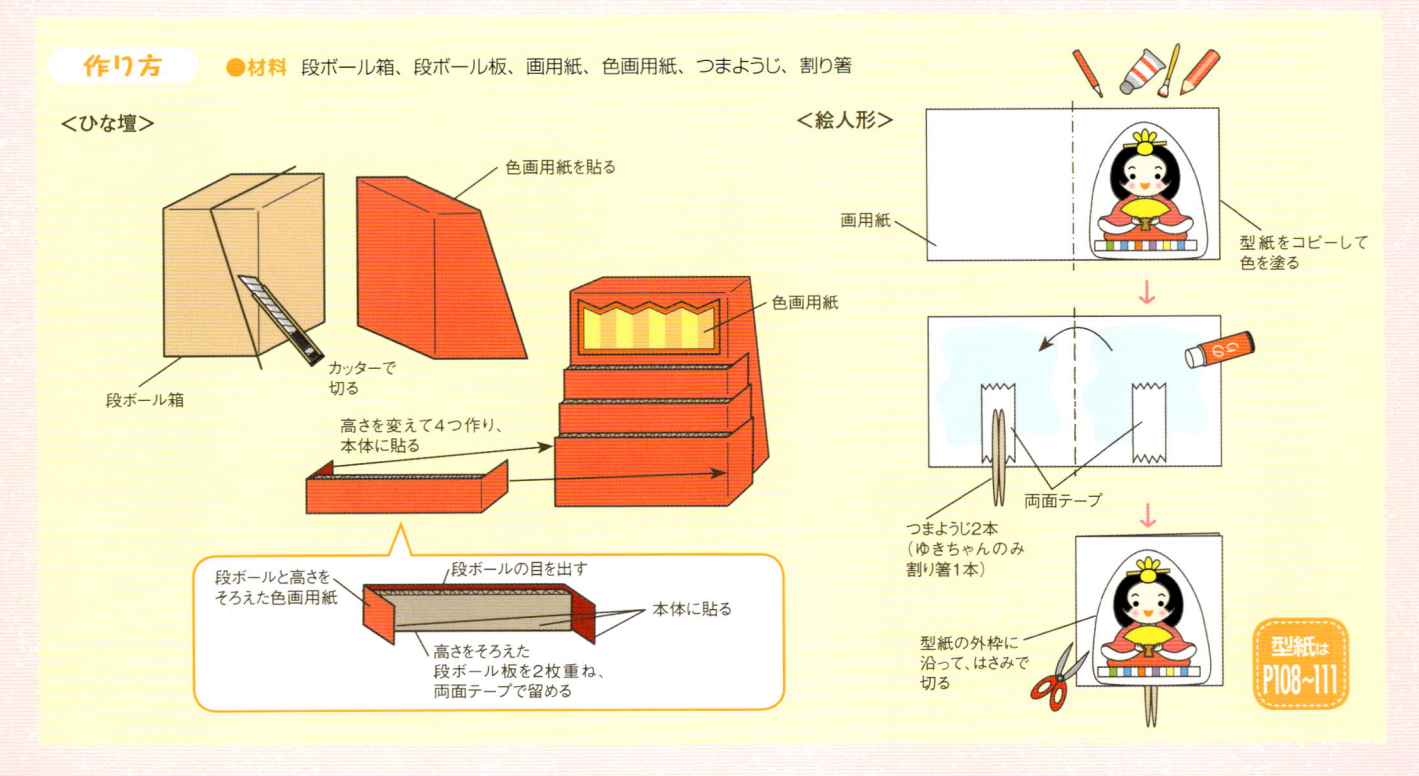

おしまい

作り方

●材料　段ボール箱、段ボール板、画用紙、色画用紙、つまようじ、割り箸

〈ひな壇〉

- 段ボール箱
- カッターで切る
- 色画用紙を貼る
- 色画用紙
- 高さを変えて4つ作り、本体に貼る
- 段ボールと高さをそろえた色画用紙
- 段ボールの目を出す
- 本体に貼る
- 高さをそろえた段ボール板を2枚重ね、両面テープで留める

〈絵人形〉

- 画用紙
- 型紙をコピーして色を塗る
- 両面テープ
- つまようじ2本（ゆきちゃんのみ割り箸1本）
- 型紙の外枠に沿って、はさみで切る

型紙はP108〜111

コピー用 型紙集

型紙は P00 のマークが付いている作品の型紙コーナーです。
必要な大きさにコピーしてご利用ください。

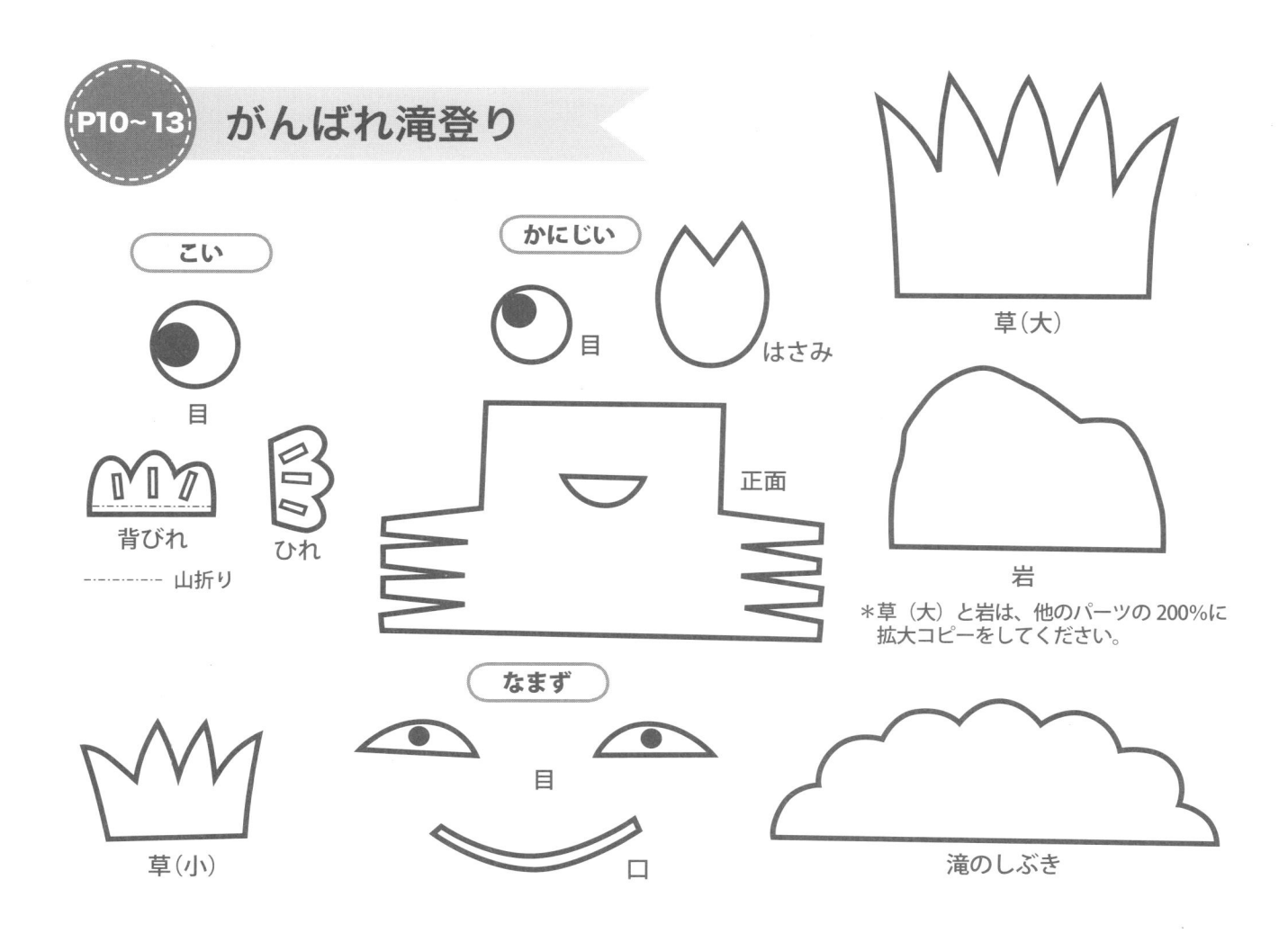

P10～13 がんばれ滝登り

こい
目
背びれ
ひれ
------- 山折り

かにじい
目
はさみ

正面

草（大）

岩

＊草（大）と岩は、他のパーツの200%に拡大コピーをしてください。

なまず
目
口

草（小）

滝のしぶき

このメッセージが見えるまで開くときれいにコピーすることができます。

81

P14~17 かばくんとむしばキン

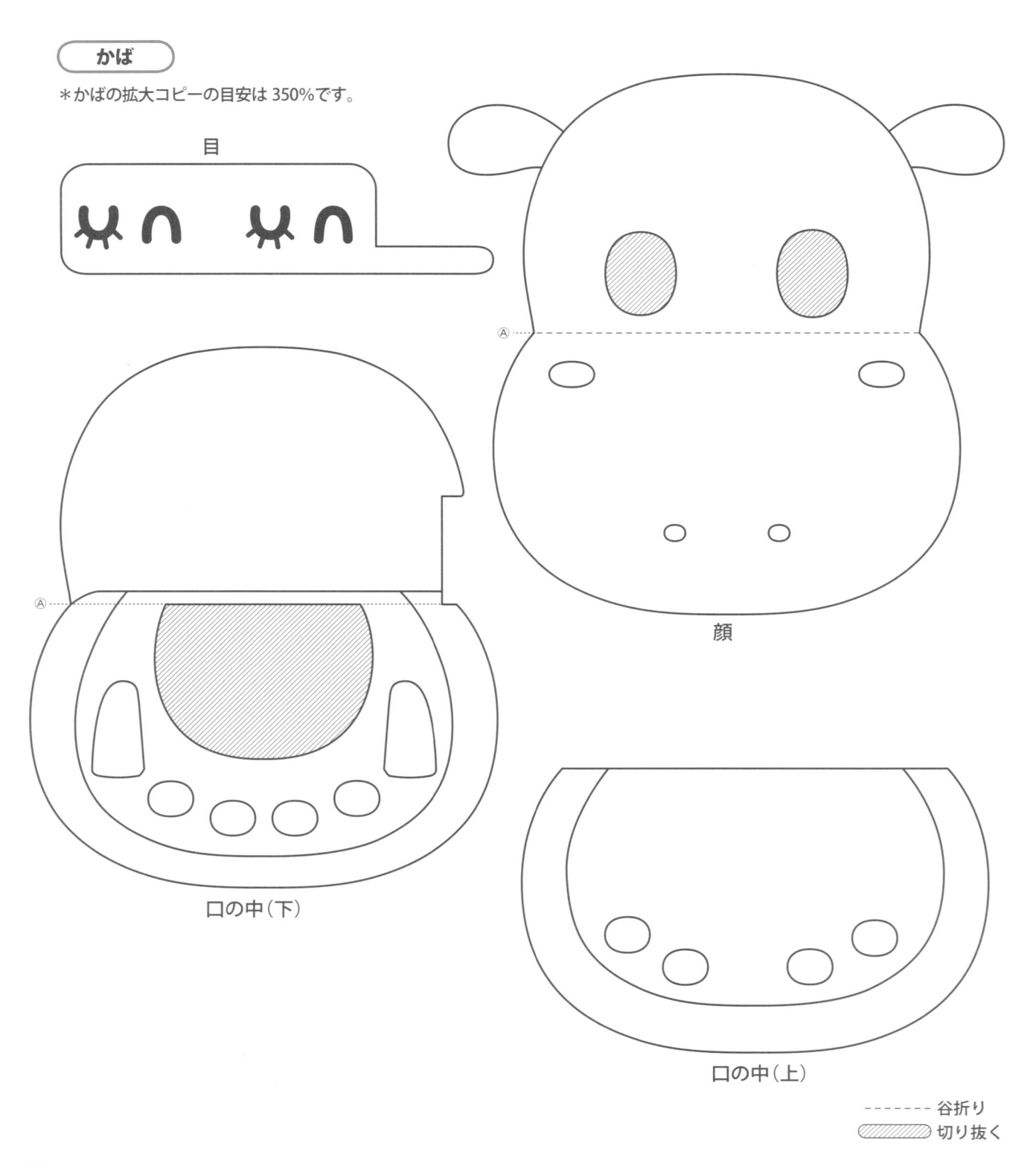

かば

＊かばの拡大コピーの目安は 350％です。

目

顔

口の中（下）

口の中（上）

------- 谷折り
◯◯◯◯ 切り抜く

このメッセージが見えるまで開くときれいにコピーすることができます。

おやつ

*おやつの拡大コピーの目安は200%です。

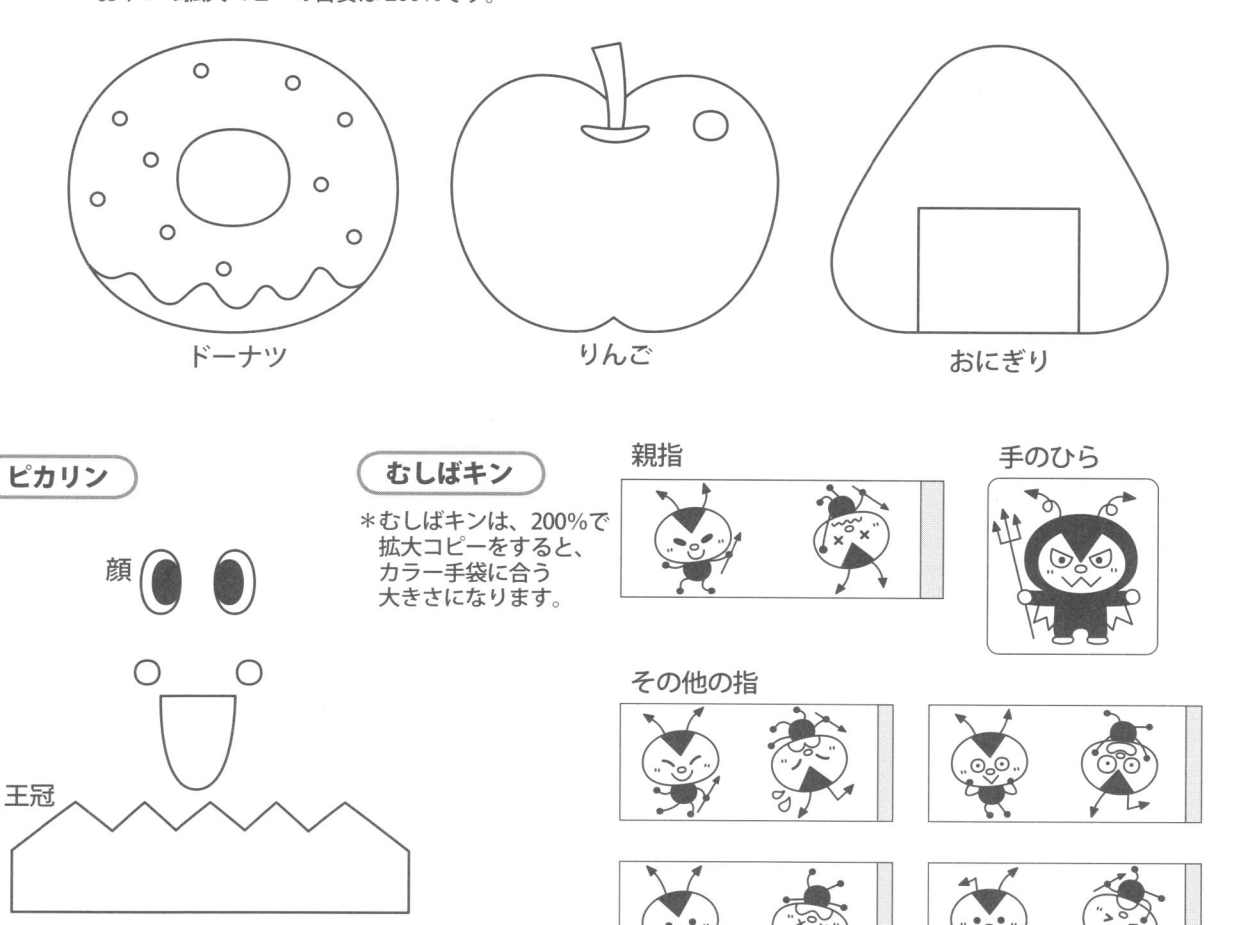

- ドーナツ
- りんご
- おにぎり

ピカリン

顔

王冠

*ピカリンの拡大コピーの目安は200%です。

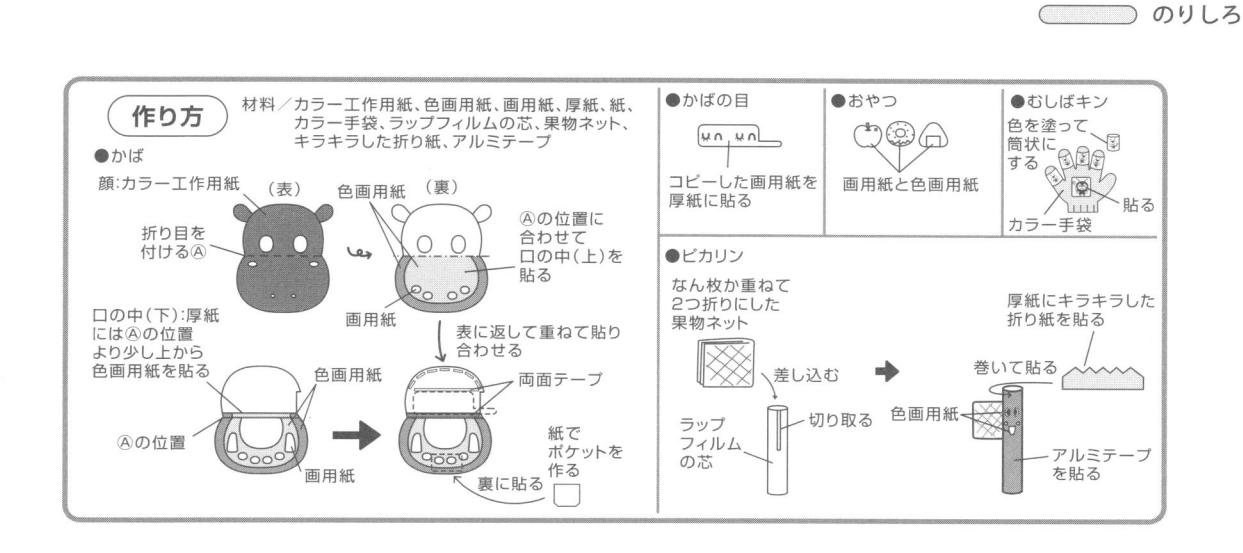

むしばキン

*むしばキンは、200%で拡大コピーをすると、カラー手袋に合う大きさになります。

親指　手のひら

その他の指

のりしろ

このメッセージが見えるまで開くときれいにコピーすることができます。

作り方

材料／カラー工作用紙、色画用紙、画用紙、厚紙、紙、カラー手袋、ラップフィルムの芯、果物ネット、キラキラした折り紙、アルミテープ

●かば
顔：カラー工作用紙（表）　色画用紙（裏）
折り目を付ける Ⓐ
Ⓐの位置に合わせて口の中（上）を貼る
画用紙
口の中（下）：厚紙にはⒶの位置より少し上から色画用紙を貼る
色画用紙
Ⓐの位置
画用紙
表に返して重ねて貼り合わせる
両面テープ
紙でポケットを作る
裏に貼る

●かばの目
コピーした画用紙を厚紙に貼る

●おやつ
画用紙と色画用紙

●むしばキン
色を塗って筒状にする
カラー手袋
貼る

●ピカリン
なん枚か重ねて2つ折りにした果物ネット
差し込む
ラップフィルムの芯
切り取る
厚紙にキラキラした折り紙を貼る
巻いて貼る
色画用紙
アルミテープを貼る

P18~23 織姫と彦星

織姫①

織姫②

彦星①

彦星②

このメッセージが見えるまで開くときれいにコピーすることができます。

泣き顔の織姫（裏打ち） 　　泣き顔の彦星（裏打ち）

＜裏打ちの仕方＞
織姫の泣き顔 
絵人形の裏に木工用接着剤を塗る 
フランネルまたはパネル布に貼って切る

裏打ちすると不織布の上に重ねて貼れます

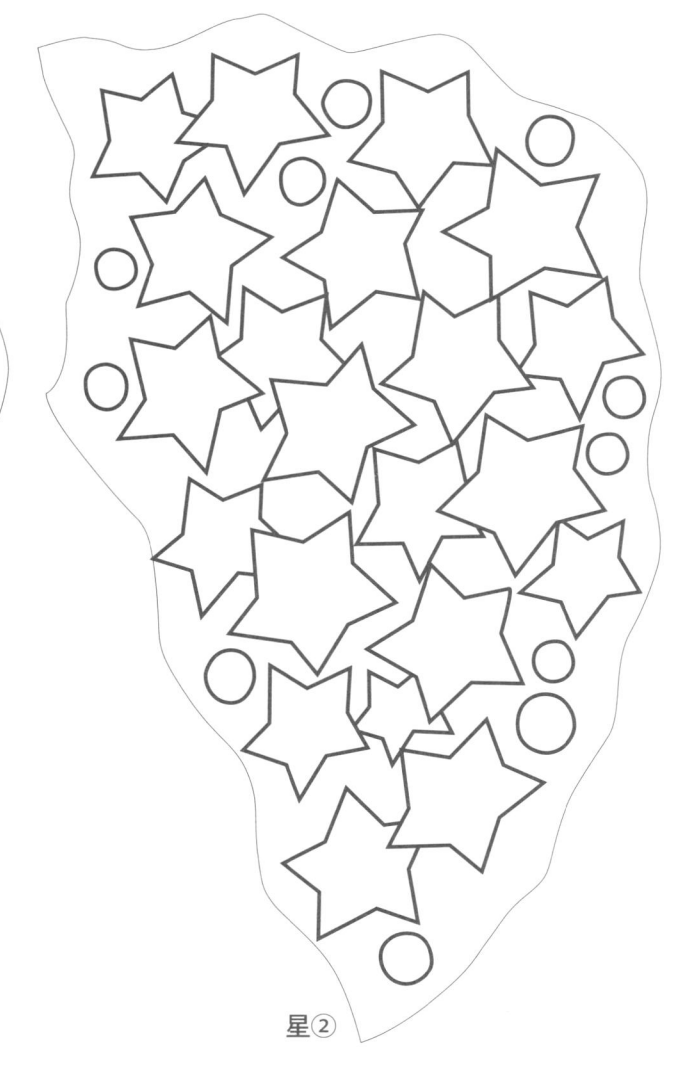

星の王様

このメッセージが見えるまで開くときれいにコピーすることができます。

星①（3枚作る）

星②

貼り合わせる

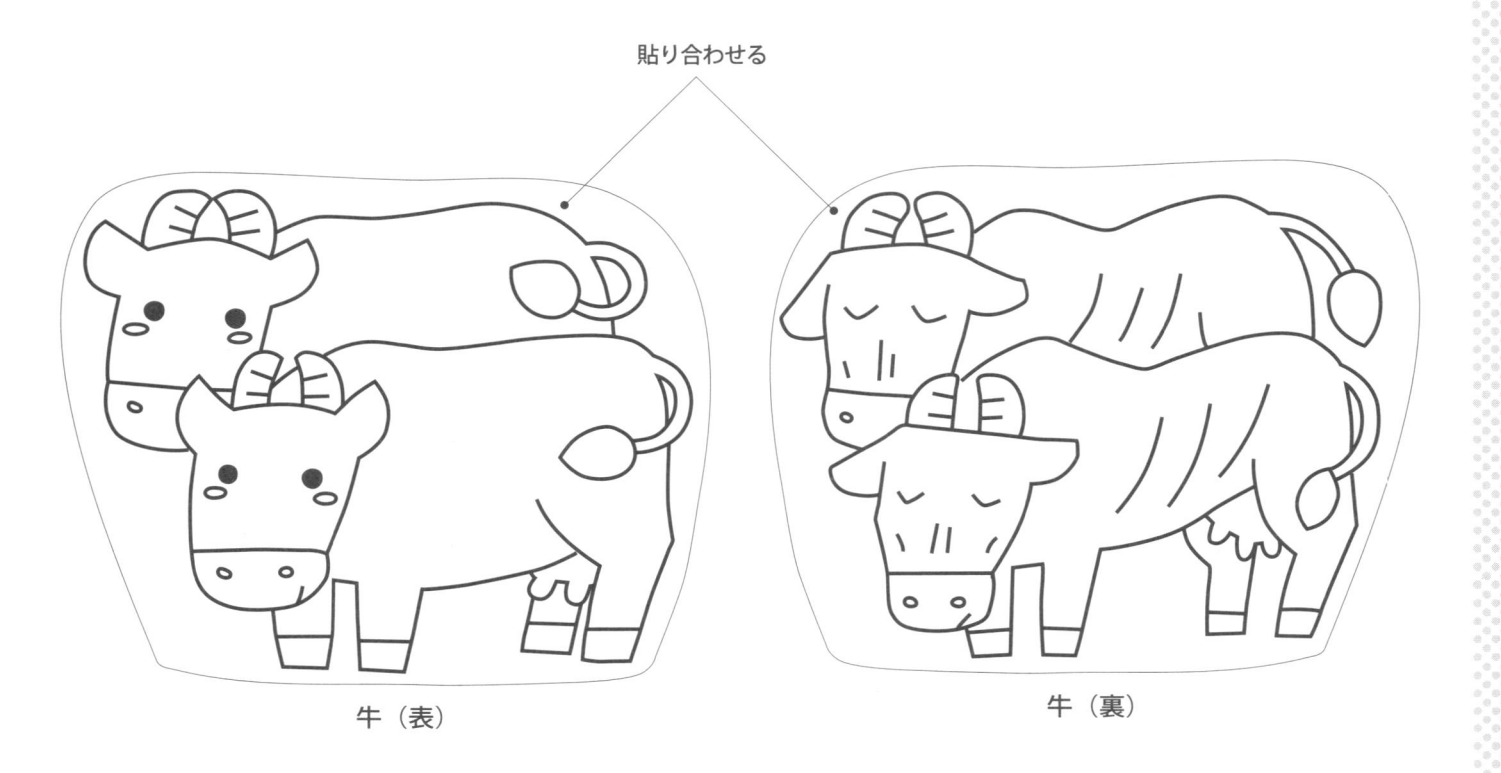

牛（表）

牛（裏）

貼り合わせる

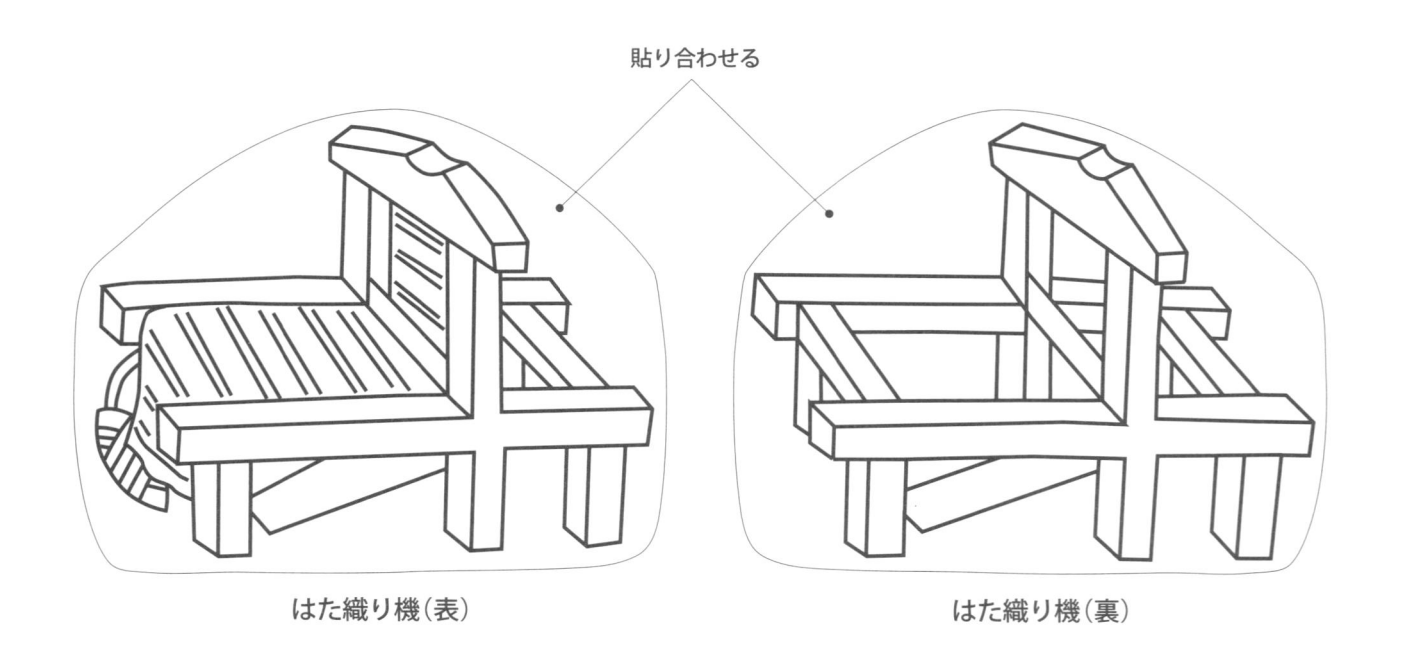

はた織り機（表）

はた織り機（裏）

このメッセージが見えるまで開くときれいにコピーすることができます。

このメッセージが見えるまで開くときれいにコピーすることができます。

ベガ・アルタイル

花①

花②

音符①

音符②

七夕飾り

鳥（裏打ち）

〈裏打ちの仕方〉

絵人形の裏に木工用接着剤を塗る

フランネルまたはパネル布に貼って切る

裏打ちすると不織布の上に重ねて貼れます

P24~27 スイスイ さかなくん

いぬちゃんの手   いぬちゃんの耳

P32~37 慌てずに避難しよう

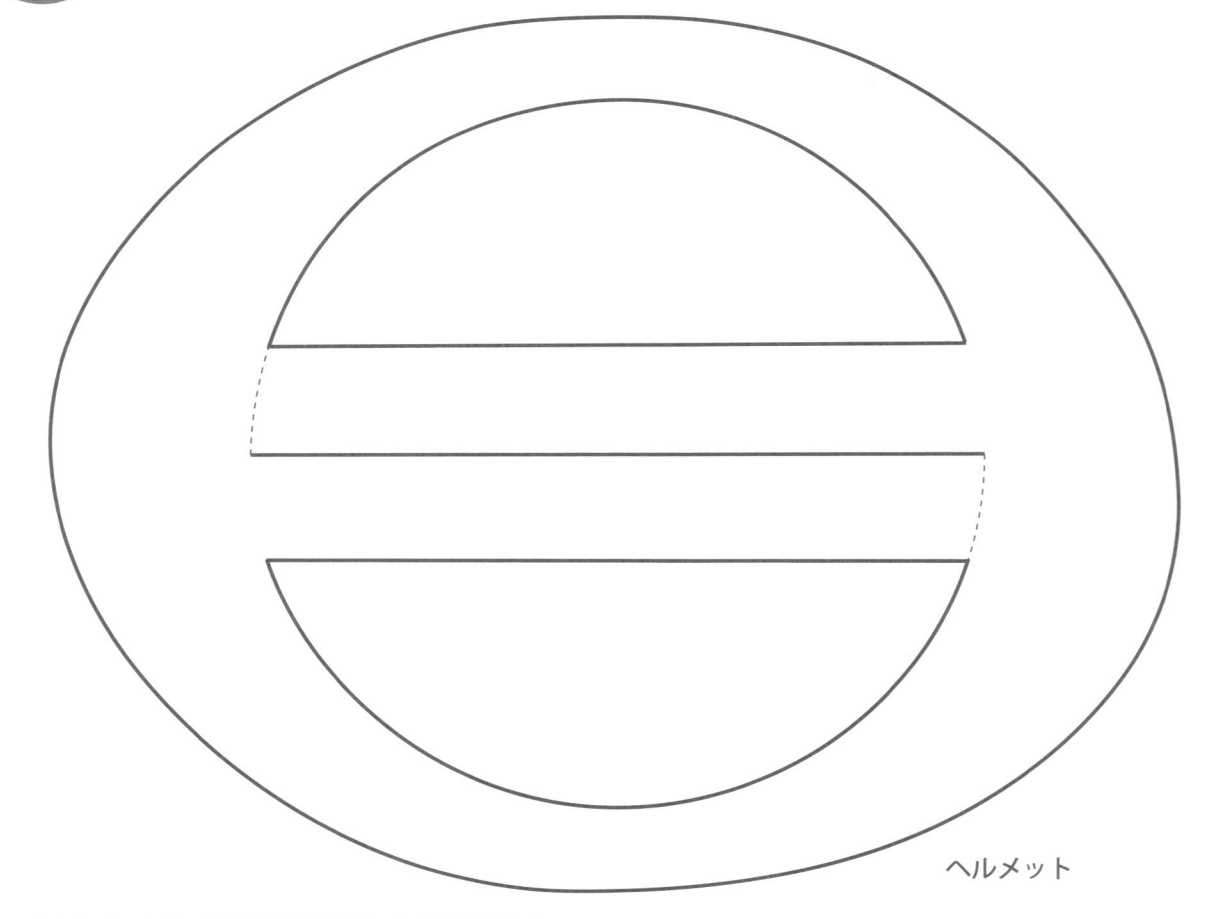

ヘルメット

＊ヘルメットは、200％に拡大コピーして使用のうえ、点線部分には切り込みを入れてください。

このメッセージが見えるまで開くときれいにコピーすることができます。

P28~31 おもしろ花火がドドーン、パッ！

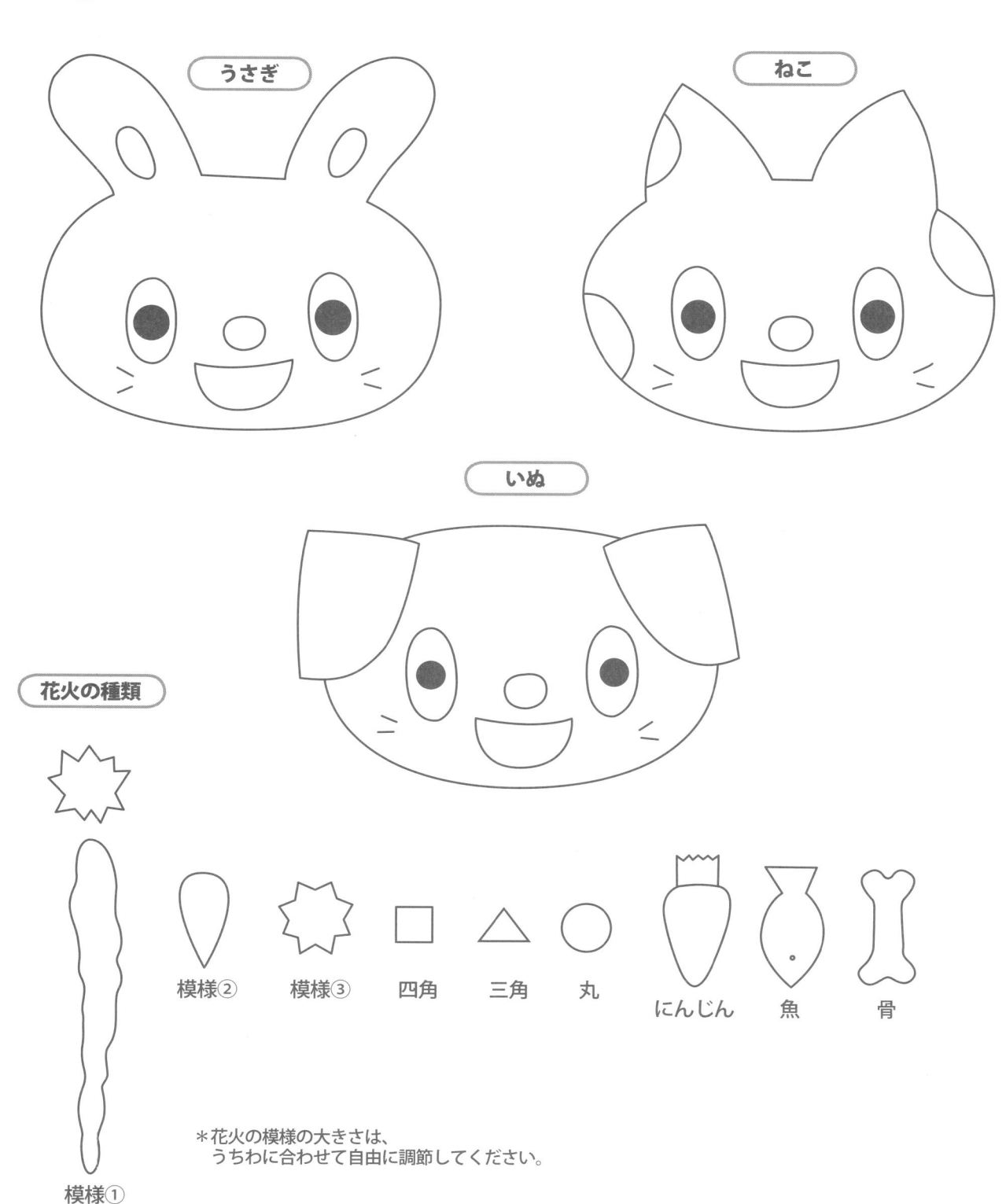

うさぎ

ねこ

いぬ

花火の種類

模様① 模様② 模様③ 四角 三角 丸 にんじん 魚 骨

＊花火の模様の大きさは、うちわに合わせて自由に調節してください。

このメッセージが見えるまで開くときれいにコピーすることができます。

P38~43 おじいちゃん おばあちゃん ありがとう

こぶたちゃん
貼り合わせる ・-・-・-・-・ 山折り
裏　表

飛行機
貼り合わせる
裏　表

たぬきくん
貼り合わせる
裏　表

バナナ
貼り合わせる
裏　表

ごみ箱
貼り合わせる
裏　表

このメッセージが見えるまで開くときれいにコピーすることができます。

おじいちゃん 貼り合わせる

裏　　表

おばあちゃん 貼り合わせる

裏　　表

プレゼント 貼り合わせる

内側　　ふた

コスモス

花びら
花芯

＊花びらは2枚作り、ずらして貼ります。

草むら

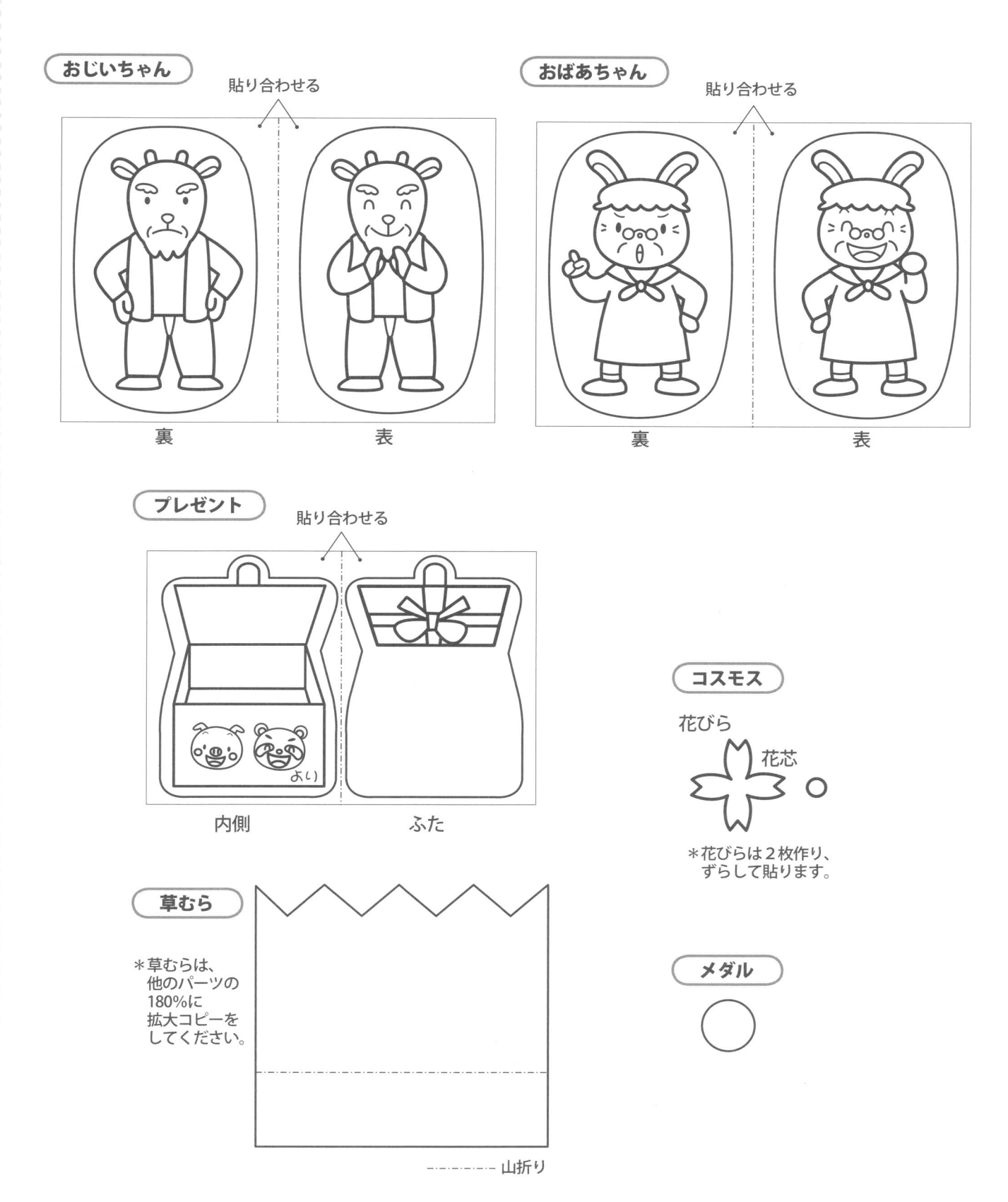

＊草むらは、他のパーツの180％に拡大コピーをしてください。

‒‒‒‒‒‒ 山折り

メダル

このメッセージが見えるまで開くときれいにコピーすることができます。

91

P44~47 おいもを掘ろう！

＊250％に拡大コピーをして、封筒のサイズに合わせてください。

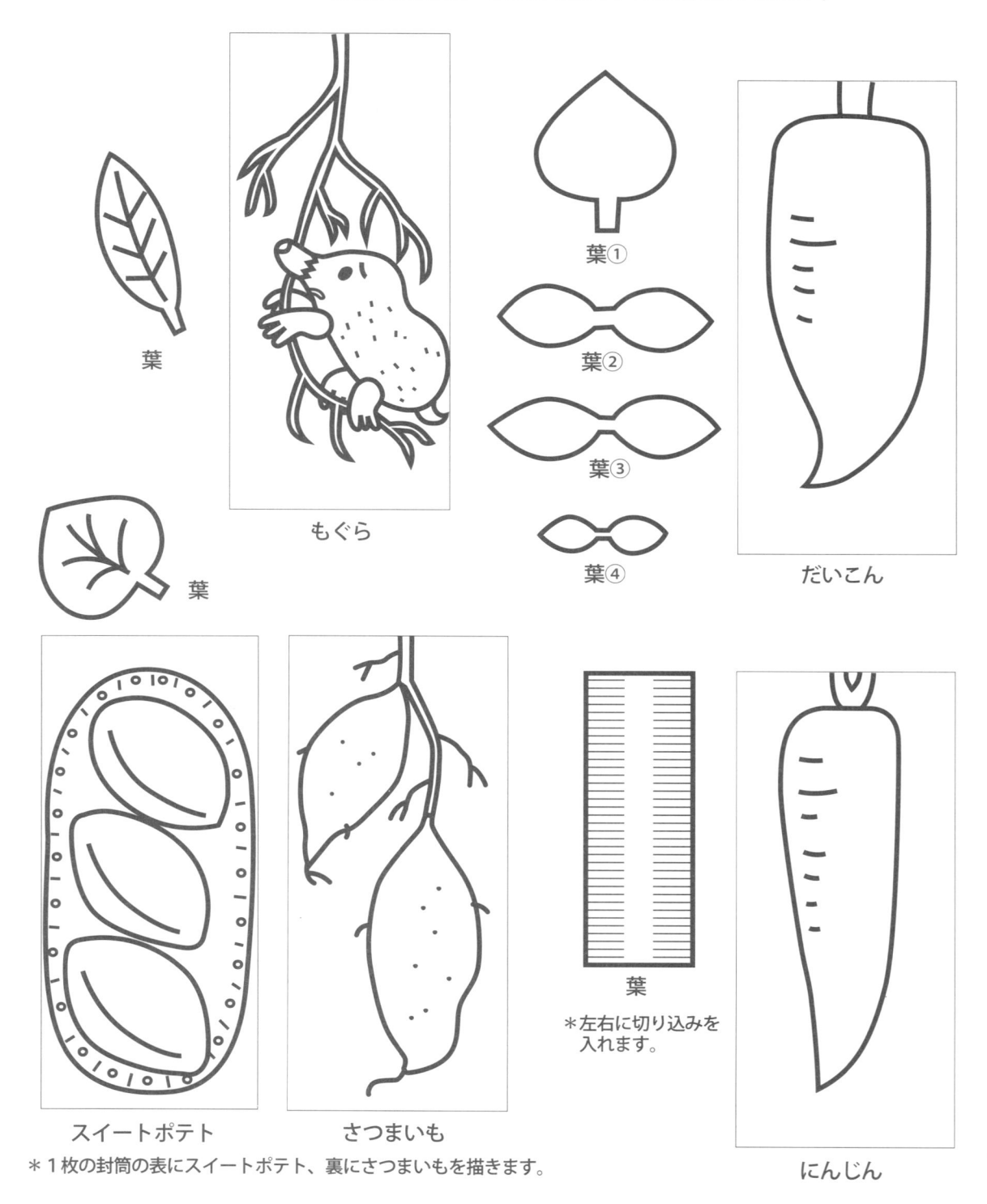

葉

もぐら

葉①
葉②
葉③
葉④

だいこん

葉

スイートポテト

さつまいも

葉
＊左右に切り込みを入れます。

にんじん

＊1枚の封筒の表にスイートポテト、裏にさつまいもを描きます。

このメッセージが見えるまで開くときれいにコピーすることができます。

P48~51 ハロウィーンでドッキリ！

＊おうちは、400%に拡大コピーして使用してください。

キャンディ

ケーキ

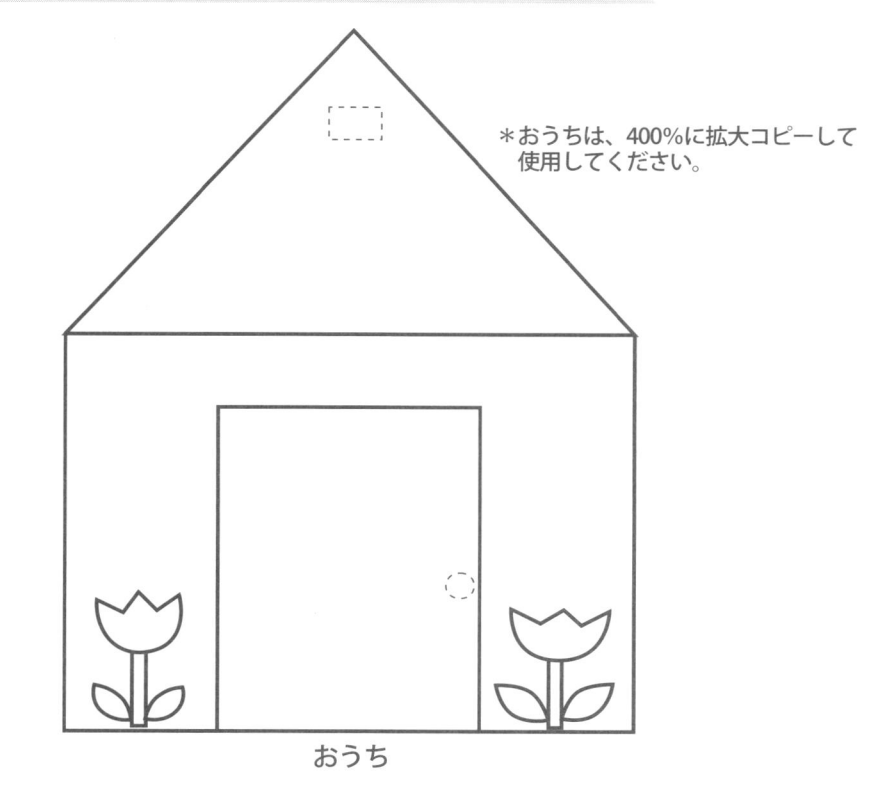

おうち

表札

（うさぎ）

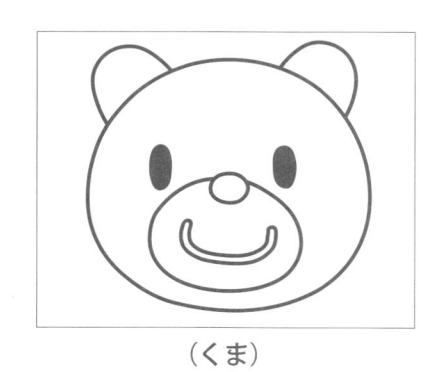

（くま）

（ぶた）

（おばけ）

このメッセージが見えるまで開くときれいにコピーすることができます。

93

----- 山折り

＊型紙は、200%に拡大コピーして使用してください。

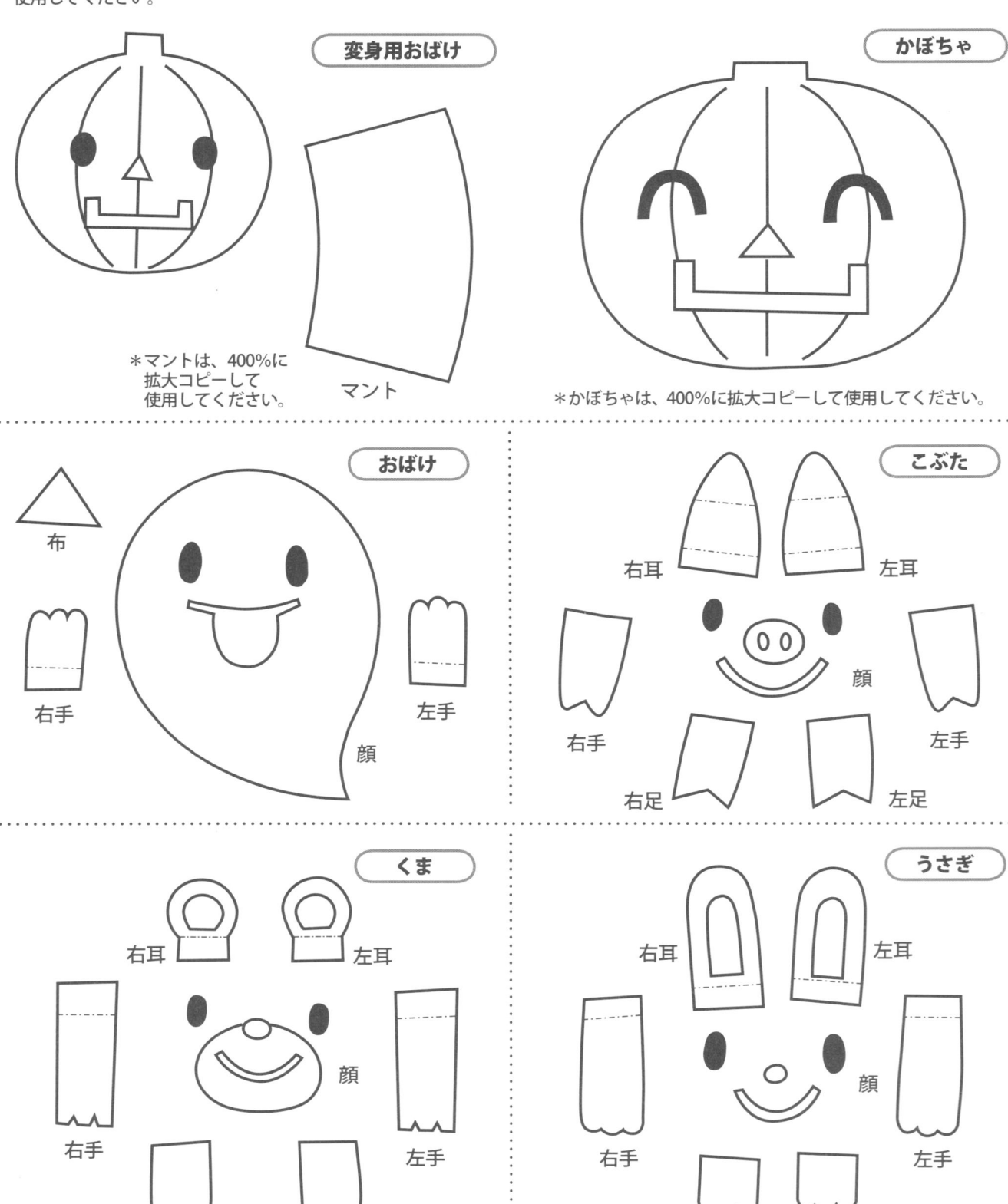

変身用おばけ

かぼちゃ

＊マントは、400%に拡大コピーして使用してください。

マント

＊かぼちゃは、400%に拡大コピーして使用してください。

おばけ

布　右手　左手　顔

こぶた

右耳　左耳　右手　左手　右足　左足　顔

くま

右耳　左耳　右手　左手　右足　左足　顔

うさぎ

右耳　左耳　右手　左手　右足　左足　顔

このメッセージが見えるまで開くときれいにコピーすることができます。

P52〜57　働く人がたくさん

＊200％に拡大コピーをすると、横幅がA3にちょうどぴったり入るサイズになります。（このページの余白の部分は含めていませんので、一度切り取ってから並べて、拡大コピーをしてください）

このメッセージが見えるまで開くときれいにコピーすることができます。

・・・・・・・ 山折り
------- 谷折り

＊表面と裏面を貼り合わせたあと、同じ番号のマーク（▷◁）を合わせて間を折ってください。

裏面　　　表面

P58~63 サンタクロースの落とし物

音符
＊①〜⑤の順に黒い木綿糸でつなげてください。

プレゼント①

プレゼント②

プレゼント③

① ② ③ ④ ⑤

空飛ぶそり

このメッセージが見えるまで開くときれいにコピーすることができます。

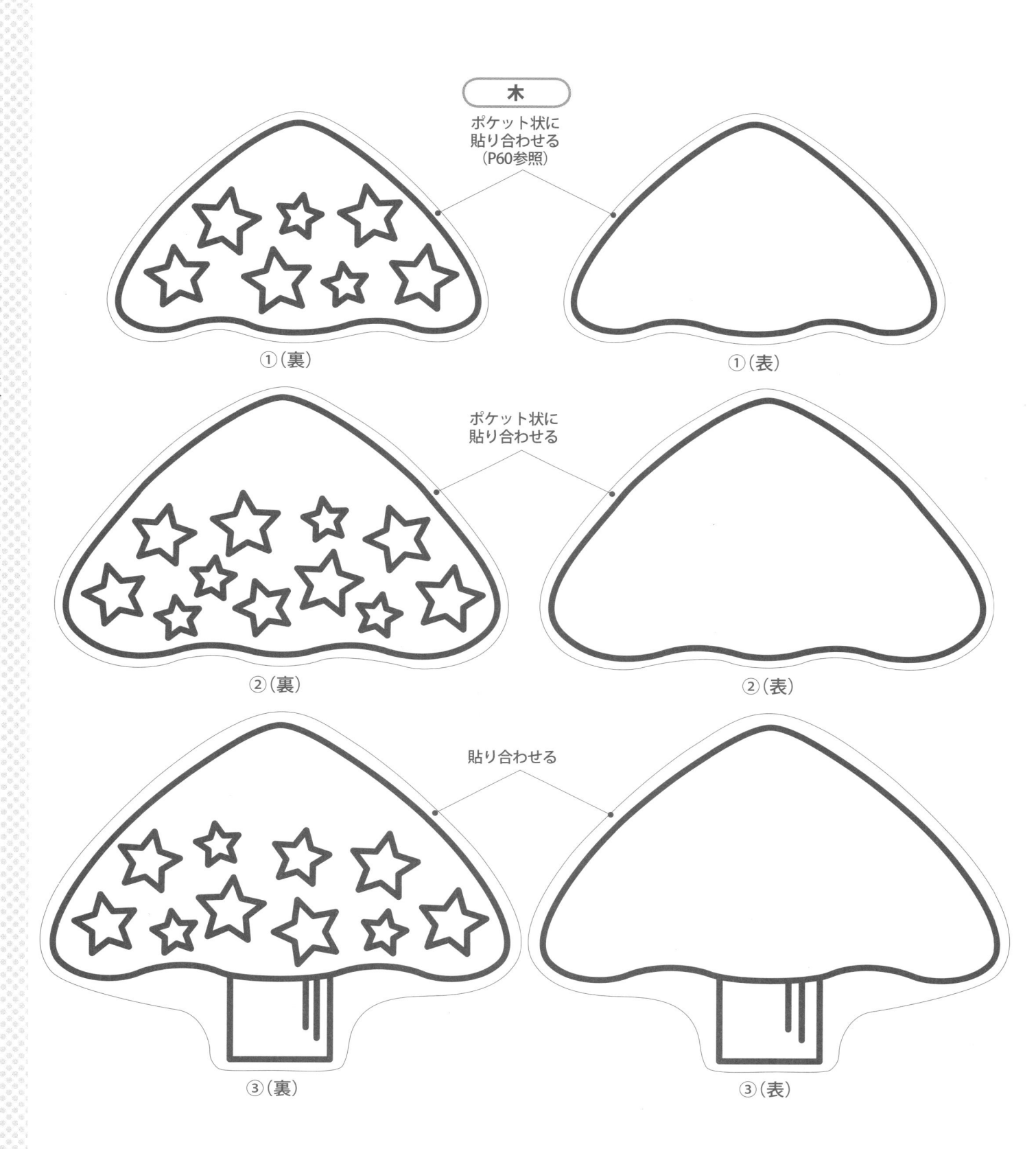

木

ポケット状に
貼り合わせる
（P60参照）

①（裏） ①（表）

ポケット状に
貼り合わせる

②（裏） ②（表）

貼り合わせる

③（裏） ③（表）

このメッセージが見えるまで開くときれいにコピーすることができます。

貼り合わせる

ねこ（表） ねこ（裏）

貼り合わせる

ぶた（表） ぶた（裏）

このメッセージが見えるまで開くときれいにコピーすることができます。

貼り合わせる

うさぎ（表）

うさぎ（裏）

リボン
（裏打ちをしておく）

ツリーの星

葉っぱ

＜うさぎちゃんのリボン＞

耳の上に重ねる

リボンは取り外しができるように、あらかじめうさぎの人形とは別に作っておきます。重ねて貼れるように、フランネルまたはパネル布で裏打ちをしておきましょう。

ねこ（顔）
（裏打ちをしておく）

ぶた（顔）
（裏打ちをしておく）

こんぺいとう

このメッセージが見えるまで開くときれいにコピーすることができます。

サンタクロース

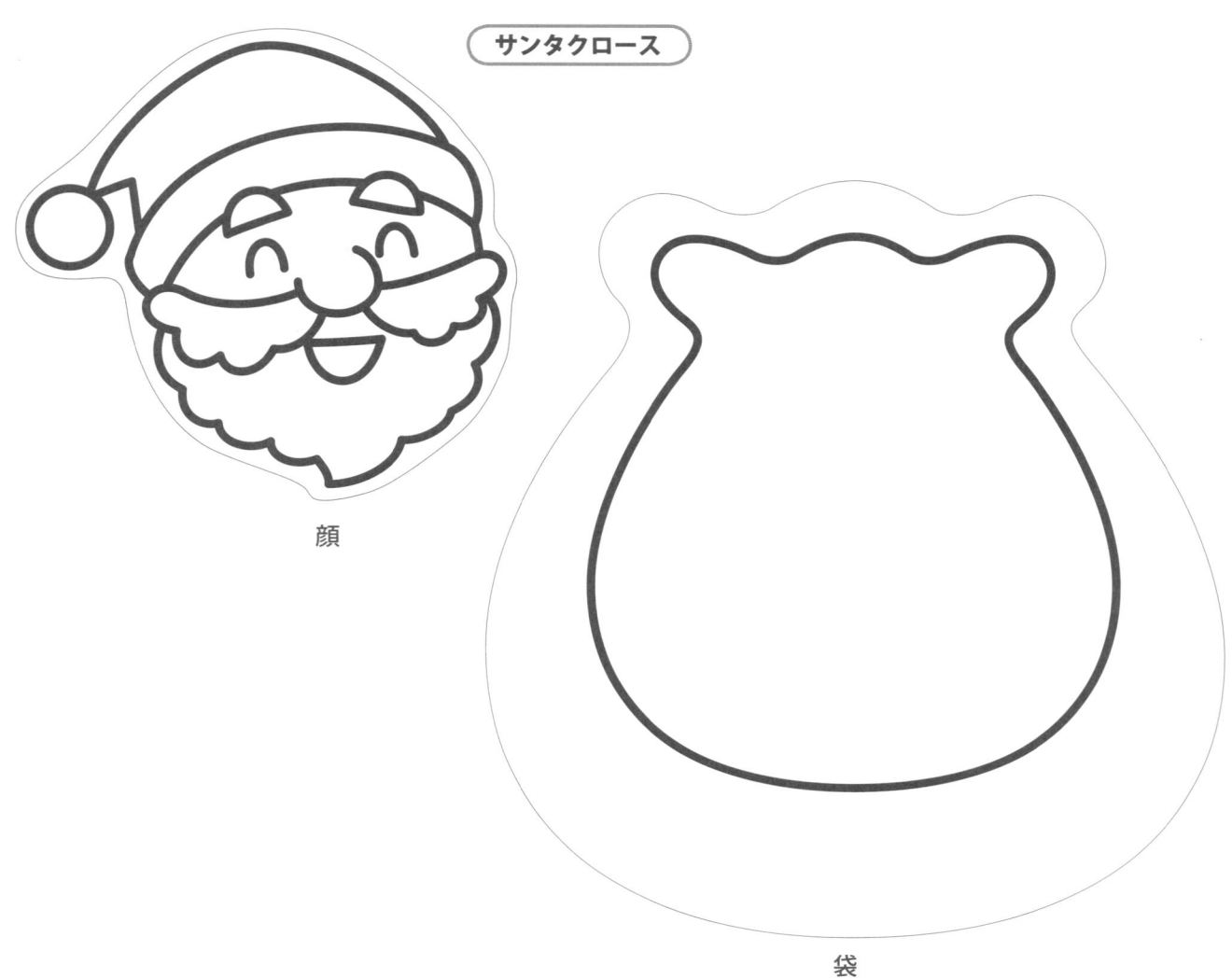

顔

袋
＊裏にポケットを付けてください。（P63参照）

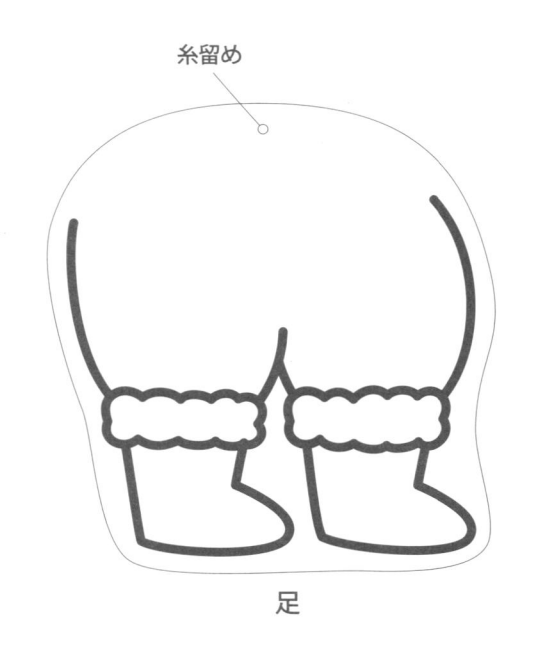

糸留め

糸留め

足

体

このメッセージが見えるまで開くときれいにコピーすることができます。

星空①

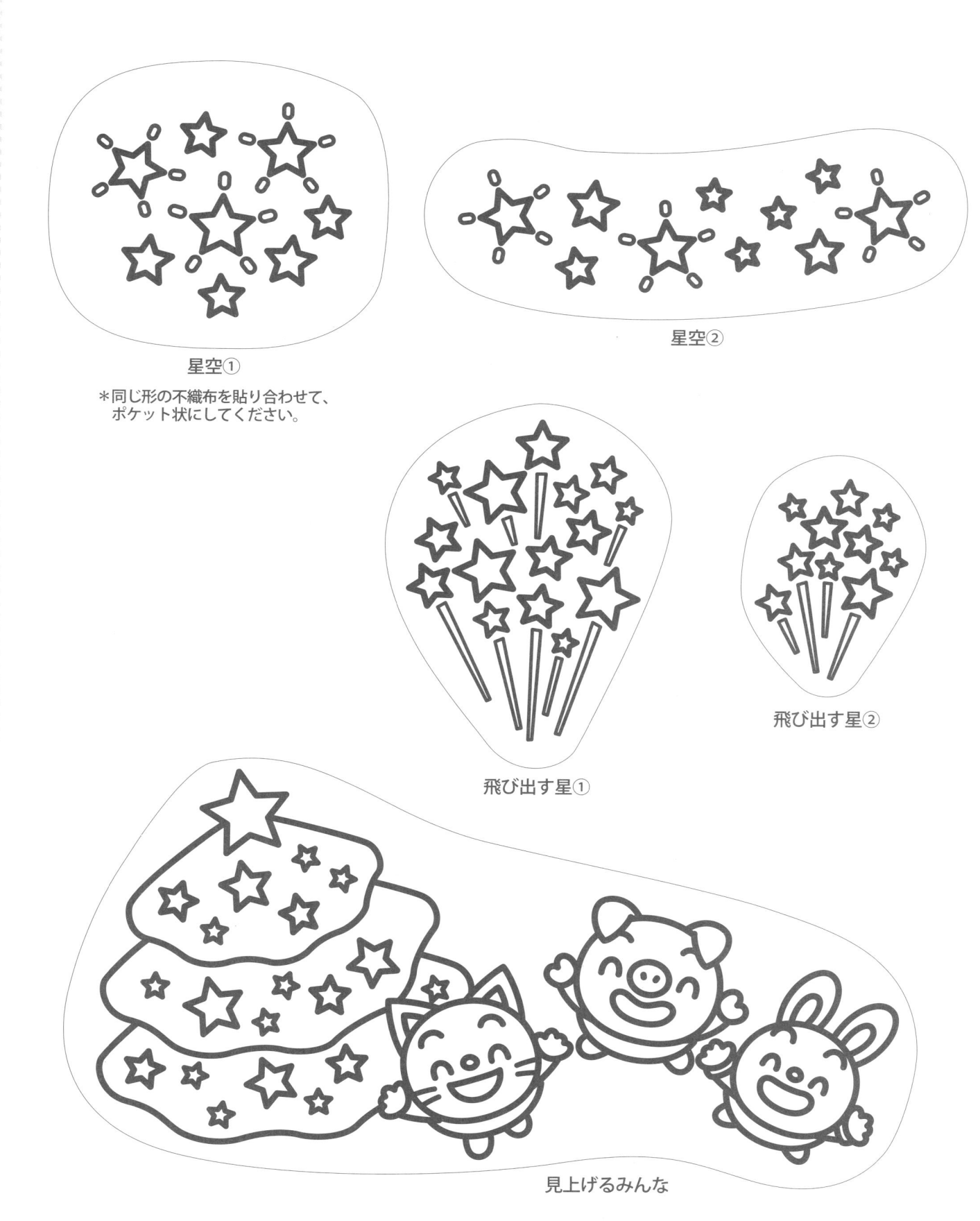

＊同じ形の不織布を貼り合わせて、ポケット状にしてください。

星空②

飛び出す星①

飛び出す星②

見上げるみんな

このメッセージが見えるまで開くときれいにコピーすることができます。

P64~67 **パタパタかぜキン**

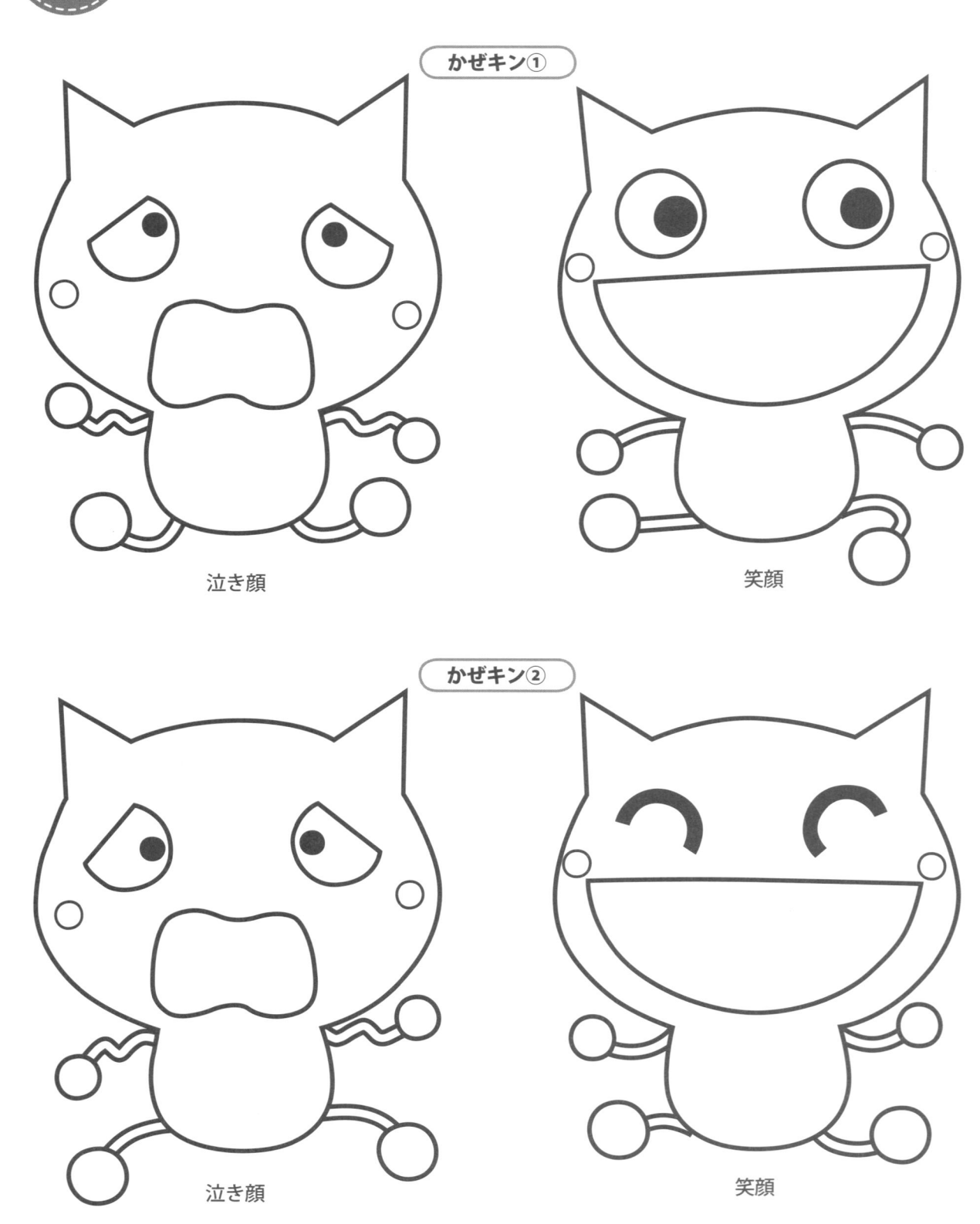

かぜキン①

泣き顔　　　　　　　　笑顔

かぜキン②

泣き顔　　　　　　　　笑顔

このメッセージが見えるまで開くときれいにコピーすることができます。

かぜキン③

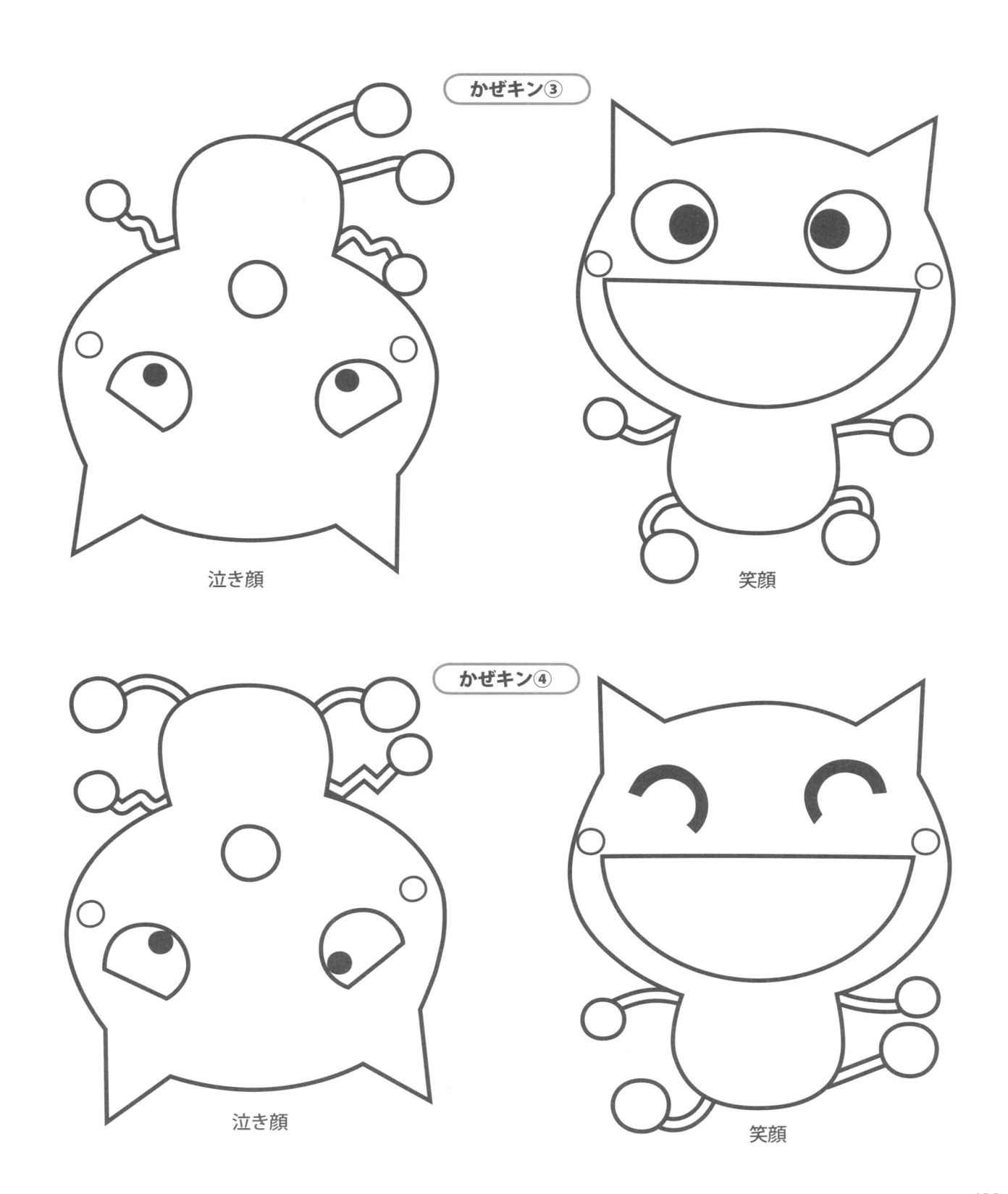

泣き顔

笑顔

かぜキン④

泣き顔

笑顔

このメッセージが見えるまで開くときれいにコピーすることができます。

P68~73 たぬきくんとおに

たぬきくん

貼り合わせる

裏　　　手　　　表

おけに入ったたぬきくん

このメッセージが見えるまで開くときれいにコピーすることができます。

104

おに（A）
貼り合わせる

裏　　　表

おに（B）
切り込みを入れる

みかん

このメッセージが見えるまで開くときれいにコピーすることができます。

おに(C)

貼り合わせる

顔 　　　　　　　　　　　　　　　　　　　　　　　顔

右手　　　　　　　左手　　　　　右手　　　　　　　左手

貼り合わせる

体　　　　　　　　　　　　　　　　　　　　　　　　体

裏　　　　　貼り合わせる　　　　　表

＊裏の左手と表の右手を貼り合わせます。

台紙

かごに入ったみかん

かご

このメッセージが見えるまで開くときれいにコピーすることができます。

切り込みを入れる

このメッセージが見えるまで開くときれいにコピーすることができます。

温泉

お土産

草①

草②

草むら

107

P74~80 ゆきちゃんのうれしいひな祭り

ゆきちゃん（裏）

ゆきちゃん（表）

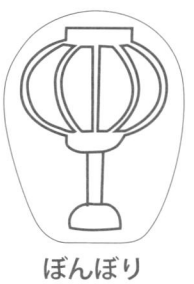

ぼんぼり

橘

ひしもち

桃

このメッセージが見えるまで開くときれいにコピーすることができます。

五人ばやし

小鼓　　太鼓　　謡

太鼓　　横笛

おだいりさま　　おひなさま

このメッセージが見えるまで開くときれいにコピーすることができます。

三人官女

加えの銚子 　　　三宝 　　　長柄の銚子

右大臣 　　　左大臣

このメッセージが見えるまで開くときれいにコピーすることができます。

びょうぶ

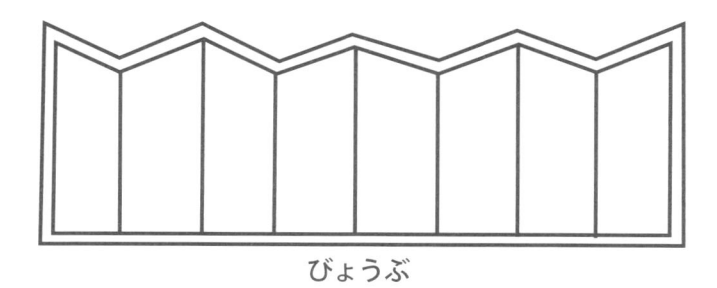

＊びょうぶとひな壇は、
　他のパーツの200％に
　拡大コピーをしてください。

ひな壇（正面）

＊上部と側面は、
　箱に合わせて作ってください。

このメッセージが見えるまで開くときれいにコピーすることができます。

案・製作 ● あさいかなえ、浅野ななみ、阿部 恵、礒 みゆき、井上ようこ、宇田川幸子、
　　　　　　加藤直美、木村 研、笹沼 香、島田明美、月下和恵、楢原美加子、まーぶる、
　　　　　　山本和子、山本省三

撮　影 ● 林 均、正木達郎

モデル ● 城品萌音、株式会社ヒラタオフィス／ブロッサムエンターテイメント

イラスト ● 内藤和美、河合美穂、北村友紀、高山千草、西野沙織、みつき

● 表紙カバー・本文デザイン／島村千代子
● 型紙トレース／奏クリエイト、プレーンワークス
● 本文校正／有限会社くすのき舎
● 編集協力／東條美香
● 編集担当／石山哲郎

ポットブックス

たのしい 行事 シアター はる なつ あき ふゆ

2014年2月　初版第1刷発行
2019年1月　　　第7刷発行

編　者／ポット編集部　© CHILD HONSHA CO.,LTD. 2014　Printed in Japan
発行人／村野芳雄
発行所／株式会社チャイルド本社
　　　　〒112-8512　東京都文京区小石川 5-24-21
　　　　TEL 03-3813-2141（営業）
　　　　TEL 03-3813-9445（編集）
振　替／00100-4-38410
印刷・製本／共同印刷株式会社
日本音楽著作権協会（出）許諾第 1316331-807 号

ISBN978-4-8054-0222-1
NDC376　26×21㎝　112P

本書を使用して製作したもの、および、型紙を含むページをコピーしたものを販売することは、著作権者および出版社の権利の侵害となりますので、固くお断りいたします。

◆乱丁・落丁本はお取り替えいたします。
◆本書の型紙以外のページを無断で複写複製することは、法律で認められた場合を除き、著作権者及び出版社の権利の
　侵害となりますので、その場合は予め小社あて許諾を求めてください。

チャイルド本社ホームページアドレス　http://www.childbook.co.jp/
チャイルドブックや保育図書の情報が盛りだくさん。どうぞご利用ください。